AF276400

Disfrute gratuitamente **DURANTE UN AÑO** de los eBook y audiolibros de las obras de Editorial Colex*

- Acceda a la página web de la editorial **www.colex.es**

- Identifíquese con su usuario y contraseña. En caso de no disponer de una cuenta regístrese.

- Acceda en el menú de usuario a la pestaña «Mis códigos» e introduzca el que aparece a continuación:

RASCAR PARA VISUALIZAR EL CÓDIGO

La prescripción del delito

- Una vez se valide el código, aparecerá una ventana de confirmación y su eBook y audiolibro estará disponible **durante 1 año desde su activación** en la pestaña «Mis libros» en el menú de usuario.

---

* Los audiolibros están disponibles en las ediciones más recientes de nuestras obras. Se excluyen expresamente las colecciones «Códigos comentados», «Biblioteca digital» y los productos de www.vademecumlegal.es.

¡Gracias por confiar en nosotros!

La obra que acaba de adquirir incluye de forma gratuita la versión electrónica.

Acceda a nuestra página web para aprovechar todas las funcionalidades de las que dispone en nuestro lector.

Funcionalidades eBook

Acceso desde cualquier dispositivo con conexión a internet

Idéntica visualización a la edición de papel

Navegación intuitiva

Tamaño del texto adaptable

Síguenos en:

LA PRESCRIPCIÓN DEL DELITO

© Jerónimo Alonso Herrero

© Editorial Colex, S.L.
Calle Costa Rica, número 5, 3.º B (local comercial)
A Coruña, C.P. 15004
info@colex.es
www.colex.es

I.S.B.N.: 978-84-1194-942-2
Depósito legal: C 304-2025

LA PRESCRIPCIÓN DEL DELITO

Jerónimo Alonso Herrero

COLEX 2025

SUMARIO

INTRODUCCIÓN

La institución de la prescripción y su aplicación en el ámbito penal

La «prescripción» es una institución enmarcada en el ámbito de los **efectos del tiempo, como** «hecho natural», **en las relaciones jurídicas** (ex Sentencia de la Sala Primera del Tribunal Supremo 919/2021, de 23 de diciembre). La prescripción (extintiva) conforma un instituto destinado a otorgar **certeza a las relaciones jurídicas** por el transcurso del tiempo y con ello confiere estabilidad y seguridad al tráfico jurídico. Genera el efecto de extinguir el «derecho» o mejor la «facultad de exigirlo o imponerlo». Su justificación radica en impedir que dichas relaciones se prolonguen sin limitación temporal instalándose en el limbo de la indefinición. En este sentido, limpia y purifica el tráfico jurídico mediante la eliminación de situaciones de incertidumbre que perjudican su fluido funcionamiento. La prescripción es la consecuencia que se impone al titular de un derecho cuando con su comportamiento no lo cuida, conserva o defiende adecuadamente y crea la apariencia o presunción de abandonarlo. Su juego normativo opera en beneficio del deudor *(favor debitoris)*, que se ve de esta forma legítimamente liberado de su prestación. En definitiva, se trata de una suerte de «contra derecho» otorgado al demandado para dejar sin efecto y enervar la acción ejercitada (Sentencia de la Sala Primera del Tribunal Supremo 159/2021, de 22 de marzo). Se trata de un instituto no fundado en estricta justicia, que debe ser objeto de trato cauteloso y aplicación restrictiva, tal como ha mantenido una reiterada jurisprudencia de la Sala Primera, entre otras, Sentencias de 9 de octubre de 1990, 6 de julio de 1991, 30 de mayo de 1992,

14 de julio de 1993, 20 de junio de 1994 y 26 de septiembre de 1995 (Sentencia de la Sala Primera del Tribunal Supremo 986/1999, de 22 de noviembre).

> La prescripción extintiva es, en realidad, la de la «pretensión» derivada del «derecho subjetivo» del titular, entendida esta palabra según la idea que proviene Windscheid (vid párrafo 43, del capítulo I. «Concepto y especies de los Derechos», libro II de su Diritto delle Pandette, traducción de Fadda y Bensa, 1930, UTET., volumen I, páginas 121-122), quien señala que la «pretensión», en Derecho, no sólo es el hecho de pretender, sino que también se entiende como «pertenencia jurídica», o «derecho de pretender o de exigir de otro una cosa o derecho». En consecuencia, la prescripción extintiva no cancela la existencia del «derecho subjetivo», sino sólo ese «poder jurídico de exigirlo», que es lo que dice la Sentencia del Tribunal Supremo de 31 de diciembre de 1968 (Sentencia de la Sala Primera del Tribunal Supremo de 12 de diciembre de 1980).

Los **presupuestos** de la **prescripción** son la inactividad del derecho y el transcurso del tiempo, lo que da lugar a la extinción (o falta del poder de exigirlo) del **derecho subjetivo**. Su fundamento es tanto el abandono o negligencia por parte de sus titulares, como la seguridad jurídica, ya que el ordenamiento no debe proteger los derechos que no se ejercen ni son reconocidos. Fundamento subjetivo y objetivo que han sido reiterados por la jurisprudencia (Sentencia de la Sala Primera del Tribunal Supremo 62/2016, de 12 de febrero).

El **transcurso del tiempo**, a través de la prescripción, produce importantes efectos jurídicos, transformando determinadas situaciones de hecho en verdaderos estados de derecho, en el sentido que reclama la **seguridad jurídica** como uno de los principios que informan nuestro ordenamiento legal y que aparece recogido en el artículo 9.3 de la Constitución.

En el ámbito del derecho penal, la «prescripción» opera de modo singularmente eficaz, pues, por un lado, aparece como «causa de extinción de la responsabilidad penal», junto a la muerte del reo, el cumplimiento de la condena, la remisión definitiva de la pena, la amnistía, el indulto y el perdón del ofendido, y por otro lado, tiene una doble posibilidad de actuación, como «prescripción del delito» (artículo 130.1.6.º del Código Penal) y como «prescripción de la pena» (artículo 130.1.7.º del Código Penal).

La «prescripción del delito» existe cuando ha transcu-rrido el tiempo que la ley señala sin procedimiento contra el culpable, bien porque la causa penal no llegara a iniciar-se, bien porque terminara sin resolución con eficacia de cosa juzgada, bien porque el procedimiento quedara para-lizado, cualquiera que fuera la fase en que tal paralización se produjera pues sobre esto la ley no distingue, siendo de apreciar incluso en los casos de rebeldía del reo (artículos 834 y siguientes de la Ley de Enjuiciamiento Criminal) y también cuando se hubiera dictado sentencia en alguna fase anterior mientras tal sentencia no alcance firmeza. La «prescripción de pena» se presenta cuando, dictada sentencia firme condenatoria, pasa el plazo que prescribe el Código Penal sin actividad de ejecución de la pena im-puesta, ya porque no comenzara a cumplirse, ya porque llegara a quebrantarse su cumplimiento, interrumpiéndo-se dicho plazo si el reo cometiera otro delito (Sentencia del Tribunal Supremo 366/1996, de 26 de abril).

La esencial nota que caracteriza a la prescripción en el Derecho Penal es que, cuando ha transcurrido el tiempo que marca la ley en cada uno de los supuestos, el **Estado decide renunciar al ejercicio del poder punitivo que ostenta**, teniendo en cuenta que por esta sola circunstancia la razón de su persecución se debilita o extingue y los fines básicos de la pena resultan ya prácticamente inalcanzables (Senten-cia del Tribunal Supremo de 6 de noviembre de 1991).

El **Código Penal** dedica específicamente a la «**prescrip-ción del delito**» los siguientes preceptos: el artículo 130.1.6.º del Código Penal, que incluye la prescripción del delito entre las causas de extinción de la responsabilidad penal; el artí-culo 131 del Código Penal, que regula los diversos plazos de prescripción de los delitos y enumera los delitos imprescrip-tibles; y el artículo 132 del Código Penal, que se ocupa de la determinación del dies a quo de la prescripción del delito y de la interrupción de la prescripción del delito.

El Código Penal de 1848 no regulaba la «prescrip-ción del delito», sino, únicamente, la «prescripción de la pena», interpretándose que aquella materia era de naturaleza procesal. El Código Penal de 1870 reguló la «prescripción del delito» en su artículo 133, pero como un «condicionamiento de persecución», lo que orientó a la jurisprudencia a entender que de lo que se hablaba era de la «acción para su persecución». En esta dirección, y yendo más allá, el Código Penal de 1928 sustituyó la «prescripción del delito» por «la prescripción de la acción para perseguir y continuar la persecución a los delitos» poniendo el acento en ser la acción el valor prescriptible. A partir del Código Penal de 1932 se consideró la «prescripción del delito» como un modo de extinción de la responsabilidad criminal, y en este sentido, el delito se ve afectado en su propia estructura por el transcurso del tiempo y es la penalidad el elemento fundamental de referencia que se utiliza (ex Sentencia del Tribunal Supremo de 23 de marzo de 1993).

Una **definición comúnmente admitida de la «prescripción del delito»** la considera como una **causa de extinción de la responsabilidad criminal fundada en la acción del tiempo en acontecimientos humanos** (Sentencia del Tribunal Supremo 877/2000, de 17 de mayo, y más recientemente, Sentencia del Tribunal Supremo 803/2009, de 17 de julio).

La dogmática tradicional de la **«teoría del delito»** define el delito por los elementos esenciales que lo caracterizan, a saber, que se trata de una acción típica, antijurídica y culpable, y de ahí que, constatados tales elementos, se puede hablar de delito (ex Sentencia del Tribunal Supremo 96/2021, de 4 de febrero). Estos elementos esenciales se asientan, por un lado, sobre un juicio de desvalor sobre una conducta definida en el ordenamiento penal (de ahí que se hable de conducta típica y antijurídica), y, por otro, en un juicio de desvalor o de reproche sobre quien realice esa conducta (de ahí el elemento culpabilidad), por ello que, constatada la tipicidad, la antijuridicidad y la culpabilidad, se pueda hablar de delito, que es a lo que ha venido atendiendo, tradicionalmente, en orden a considerar la «doble incriminación». Ahora bien, el hecho de que para que esa conducta entre en el ámbito del derecho penal sea preciso que lleve aparejada una pena, no pone, ni quita, a la definición de delito, sino que, ello es algo necesario, precisamente, para entrar en el marco punitivo, hasta tal punto que la penalidad o punibilidad ha alcanzado la consideración de categoría distinta no integrada en la teoría del delito y se habla de **«teoría de la pena»**, pues aun concurriendo los elementos esenciales que definen al delito, la pena deja de imponerse por razones variadas y de distinta índole, entre ellas, de política criminal, como sucede con las excusas absolutorias, en que el legislador decide dejar de sancionar penalmente a pesar de encontrarnos con una acción típica, antijurídica y culpable (ex Auto de la Audiencia Nacional 54/2020, de 16 de octubre). Dentro de los **supuestos de «exclusión de la punibilidad» cabe incluir las excusas absolutorias, las condiciones objetivas de punibilidad y la «prescripción», institución que supone la exclusión de la pena respecto de un delito típico, antijurídico y culpable por el transcurso del tiempo** (ex Sentencia del Tribunal Supremo 1752/2000, de 17 de noviembre). Ahora bien, también es cierto que en algún pronunciamiento de la Sala Segunda se ha afirmado que la prescripción no constituye, solo, un «óbice de punibilidad», sino también, «de persecución», «de sustanciación» del propio proceso penal (Sentencia del Tribunal Supremo 400/2022, de 22 de abril).

1

CARACTERÍSTICAS

La Sala Segunda tiene declarado en numerosos precedentes, por todas, Sentencias del Tribunal Supremo 760/2014, de 20 de noviembre, 414/2015, de 6 de julio, y 649/2018, de 14 de diciembre, que la prescripción presenta **naturaleza sustantiva, de legalidad ordinaria y próxima al instituto de la caducidad,** y que, por responder a **principios de orden público y de interés general, puede ser proclamada de oficio, en cualquier estado del proceso en que se manifieste con claridad la concurrencia de los requisitos que la definen y condicionan** (Sentencias del Tribunal Supremo 839/2002, de 6 de mayo, 1224/2006, de 7 de diciembre, 25/2007, de 26 de enero, 793/2011, de 8 de julio, y 1048/2013, de 19 de septiembre) (Sentencia del Tribunal Supremo 440/2024, de 22 de mayo).

La anterior caracterización de la prescripción se encontraba en la Sentencia del Tribunal Supremo de 16 de enero de 1992, que afirmó que consiste en la extinción de la pena impuesta o a imponer por el transcurso de tiempo, y, por ende, debe ser estimada, concurrentes los presupuestos sobre los que se asienta (paralización del procedimiento y transcurso del lapso de tiempo correspondiente), pudiendo ser examinada y proclamada «de oficio», por ser de naturaleza sustantiva, de legalidad ordinaria, próxima al instituto de la «caducidad» (*vid.* Sentencia del Tribunal Supremo de 25 de abril de 1988), respondiendo a principios de orden público, interés general y política penal (*vid.* Sentencia del Tribunal Supremo de 10 de febrero de 1989), por lo que, es indiferente cuál haya sido la causa inmediatamente productora del transcurso del plazo que la Ley señala (*vid.* Sentencia del

Tribunal Supremo de 10 de mayo de 1989). Por tanto, es acertado no emplear interpretaciones restrictivas de esta institución, habida cuenta de la naturaleza de la misma, que concuerda con los fines de la pena y con el resultado que la acción del tiempo ejerce sobre la conciencia social perturbada por el delito (*vid.* Sentencia del Tribunal Supremo de 25 de abril de 1990).

De forma más detallada cabe referirse a las siguientes características de la prescripción del delito:

1.1. Naturaleza sustantiva o material. Incidencia sobre la cuestión de la retroactividad

La **Sala Segunda del Tribunal Supremo** ha mantenido a lo largo del tiempo criterios distintos en cuanto a la naturaleza jurídica de la prescripción del delito.

Durante algún tiempo, y dado que la figura de la prescripción irrumpe en la gnoseología jurídico legal en época en que el desarrollo del Derecho Penal era incipiente, sin haber alcanzado propia individualidad y categoría científica, la prescripción del delito se enfocó con parámetros jurídico-civiles, representando la consecuencia más palmaria de ello el acarreamiento de la noción de aquélla y del sistema y modo de operar del instituto, al **campo procesal**, rechazándose su reconocimiento y eficacia en los supuestos de falta de alegación temporánea o de inatendimiento de exigencias procesales oportunas. A esta consideración respondieron las Sentencias del Tribunal Supremo de 27 de enero de 1959 y 26 de abril de 1961 (Sentencia del Tribunal Supremo de 5 de enero de 1988).

La jurisprudencia tradicional, al analizar la naturaleza jurídica de la prescripción, consideró que era de «derecho procesal», y ello, incluso tras la reforma penal de 1944 que, manteniendo la anterior de 1932, eliminó del artículo 114 del Código Penal la exigencia de que el cómputo de la prescripción pudiera hacerse a partir del descubrimiento del delito, reduciendo el término «a quo» al día en que se hubiere cometido el delito, reforma que vino a dar sustancial apoyo a la doctrina que sostenía que el instituto de la prescripción penal era, a diferencia de la civil, una «causa de extinción de la responsabilidad» y por ende, de «derecho material», ajena por ello a consideraciones procesales de ejercicio de la acción, aunque aquella primera arrastre la imposibilidad de ejercitar la segunda, al carecer de objeto sobre el que actuarse (Sentencia del Tribunal Supremo de 28 de junio de 1988).

El **rechazo del carácter procesal de la prescripción del delito** que, por influjo del Derecho privado venía concediéndosele, y la resuelta afirmación de su naturaleza material, ajena a las exigencias procesales de la acción persecutoria **tiene su origen en la Sentencia del Tribunal Supremo de 30 de noviembre de 1963** (Sentencia del Tribunal Supremo de 2 de diciembre de 1988). **Se desasimiló** la «prescripción penal del delito», cuestión de derecho material de la «prescripción de la acción civil», lo que conlleva implicaciones procesales de suma relevancia. Muy certeramente se suele destacar que la prescripción en materia civil adquiere su efectividad por vía de excepción, apostando en la filosofía de su instauración por la idea de sanción al negligente, presunción de incuria o abandono, radicando en ello el viejo apotegma «contra non valentem agere, non currit praescriptio», en tanto que, la prescripción en materia penal viene a ser un modo de dar por extinguido el delito ante poderosas razones de política criminal y utilidad social, cuales son, el aquietamiento que el transcurso del tiempo produce en la conciencia ciudadana, la aminoración, cuando no eliminación, de la alarma social producida, el palidecimiento de la resonancia antijurídica del hecho ante el efecto invalidador del tiempo sobre los acontecimientos humanos, dificultades de acumulación y reproducción del material probatorio y hasta grave impedimento en el acusado para hacer posible su justificación. **La prescripción penal responde, pues, a principios de orden público primario.**

El desarrollo de este criterio se produjo en otras resoluciones posteriores, entre las que cabe citar:

- La Sentencia del Tribunal Supremo de 1 de febrero de 1968 entiende que la prescripción es de orden público, interés general y político penal.

- La Sentencia del Tribunal Supremo de 31 de mayo de 1976 añade que la prescripción responde a la necesidad de que no se prolonguen indefinidamente situaciones jurídicas expectantes del ejercicio de acciones penales, que sólo pueden poner en actividad a los órganos de la jurisdicción criminal dentro de los plazos que según la trascendencia de la infracción delictiva establece el ordenamiento jurídico-penal.

– La Sentencia del Tribunal Supremo de 11 de junio de 1976, afirma que, encontrándose en apoyo de la prescripción razones de todo tipo, subjetivas, objetivas, éticas y prácticas, se trata de una institución que pertenece al «derecho material penal», y concretamente, a la noción del delito y no al ámbito de las estructuras procesales de la acción persecutoria. Constituye doctrina consagrada la de que la prescripción debe ser estimada, concurrentes los presupuestos sobre que se asienta —paralización del procedimiento y lapso de tiempo correspondiente—, aunque la solicitud no se inserte en el cauce procesal adecuado y dejen de observarse las exigencias procesales formales concebidas al efecto, en aras de evitar que resulte condenada una persona que, por especial previsión y expresa voluntad de la Ley, tiene extinguida la posible responsabilidad penal contraída; pudiendo ser proclamada de oficio en cualquier estado del procedimiento en que se manifieste con claridad la concurrencia de los requisitos que la definen y condicionan. Parecer que se alienta, entre otras, en las Sentencias del Tribunal Supremo de 30 de noviembre de 1963, 24 de febrero de 1964, 1 de febrero de 1968, 31 de mayo de 1976 y 27 de junio de 1986 (Sentencia del Tribunal Supremo de 5 de enero de 1988).

La Sentencia del Tribunal Supremo de 31 de octubre de 1990 aseveró decididamente que acerca de la naturaleza jurídica de la prescripción, que tenía declarado la Sala Segunda, tras el advenimiento constitucional y la reforma penal de 1983, la prescripción tenía un carácter sustantivo. Unos años más tarde, la Sentencia del Tribunal Supremo 224/2002, de 12 de febrero, ya señaló que, según reiterada y pacífica jurisprudencia de la Sala Segunda, se reconoce a la prescripción una naturaleza sustantiva y la posibilidad de ser apreciada de oficio en cualquier instancia de la causa, en cuanto se manifieste con claridad la concurrencia de los requisitos que la definen y condicionan. La Sentencia del Tribunal Supremo 583/2013, de 10 de junio, concluye que la jurisprudencia de la Sala Segunda del Tribunal Supremo, desde las Sentencias del Tribunal Supremo de 31 de mayo y 11 de junio de 1976, o 27 de junio de 1986 y 28 de junio de 1988, afirma que el instituto de la prescripción penal es de naturaleza material y no procesal, **rechazando cualquier analogía con la prescripción civil**, que llevaba a algunos tribunales a dar por interrumpido el plazo prescriptivo cuando la dilación se debía a la conducta obstativa del imputado (Sentencia del Tribunal Supremo 583/2013, de 10 de junio).

La prescripción tiene **naturaleza sustantiva** en cuanto produce la extinción de la responsabilidad criminal, sin requerir para ello ninguna exigencia de carácter procesal, sino, únicamente, la **inexistencia de trámite de la causa penal durante los plazos señalados en la ley antes de la sentencia firme,** y por tanto, puede y debe ser examinada de oficio, al responder a principios de orden público y de interés general (Sentencias del Tribunal Supremo de 6 de abril de 1990, 28 de octubre de 1997, 7 de diciembre de 2006 y 18 de octubre de 2012, entre otras) (Auto del Tribunal Supremo 331/2022, de 3 de marzo).

Esta naturaleza sustantiva ha llevado al **reconocimiento y admisión de la prescripción siempre que concurran los presupuestos materiales en que se asienta: paralización del procedimiento y el lapso de tiempo correspondiente,** pues ningún otro condicionamiento procesal procedente de la Ley de Enjuiciamiento Criminal o trasvasado de la estructura característica de su homónima institución civil pueden impedir que se decrete la extinción de la responsabilidad penal, legalmente expresada en el artículo 112 del Código Penal de 1973 o en el artículo 131 del actual Código Penal, a la que se reconoce los siguientes y trascendentales efectos: la de ser declarada de oficio en cualquier estado del procedimiento u oportunidad procesal, siendo temporánea su alegación (pese al carácter de cuestión nueva), en el escrito de interposición de la casación, incluso en la misma vista del recurso, cfr. Sentencia del Tribunal Constitucional de 20 de febrero de 2008 (Sentencia del Tribunal Supremo 624/2021, de 14 de julio).

No obstante las anteriores conclusiones en cuanto a la naturaleza material de la prescripción del delito, debe advertirse que **algunas resoluciones,** como las Sentencias del Tribunal Supremo de 16 de diciembre de 1997, 25 de enero de 1999, 21 de diciembre de 1999, 1247/2002, de 3 de julio, 590/2004, de 6 de mayo, 1016/2005, de 12 de septiembre, o 1006/2013, de 7 de enero de 2014, indicaron que la prescripción tenía un **doble fundamento,** «**material**» y «**proce-**

sal», pues, le reconocía, por un lado, una naturaleza jurídica material, en tanto se afirmaba que el transcurso del tiempo excluía la necesidad de aplicación de la pena, tanto desde la perspectiva de la retribución como de la prevención general o especial, y por otro lado, desde la perspectiva procesal, se destacaban las dificultades probatorias suscitadas en el enjuiciamiento de hechos muy distanciados en el tiempo respecto del momento del juicio.

Algún pronunciamiento de la Sala Segunda, en concreto, la Sentencia del Tribunal Supremo 400/2022, de 22 de abril, ha considerado que la prescripción no constituye, solo, un «óbice de punibilidad», sino también, «de persecución», «de sustanciación» del propio proceso penal.

> La duda que surge es si esta manifestación involucra un posicionamiento respecto a la cuestión de su naturaleza jurídica, pues la configuración de la prescripción como una «condición negativa de punibilidad» implica reconocer su adscripción al derecho sustantivo, mientras que, su configuración como «condición de procedibilidad» la vincula al derecho procesal. Respecto a esta última posibilidad, hay que recordar que para Claus Roxin la prescripción es un «presupuesto de procedibilidad», un «óbice procesal», en cuanto suceso situado fuera del hecho, que comienza a operar necesariamente una vez consumado el delito, por lo que no extinguiría el hecho, ni éste desaparecería con el paso del tiempo.

Finalmente, la Sentencia del Tribunal Supremo 143/2005, de 10 de febrero, afirma que, en más de una ocasión, en la dialéctica de determinar si se trata de una materia encuadrable en el ámbito procesal o adjetivo, o bien, en el ámbito material o sustantivo, se ha afirmado en cuanto a la naturaleza jurídica de la prescripción **el carácter «prevalentemente sustantivo»** de este instituto. En similares términos, la Sentencia del Tribunal Supremo 537/2019, de 5 de noviembre, refiere la **«marcada vertiente material»** del instituto de la prescripción.

> La Sentencia del Tribunal Supremo 803/2009, de 17 de julio, refiere que la naturaleza jurídica de la prescripción ha dado lugar a **diversas posturas doctrinales**. Algunos autores refieren un fundamento «material», «sustantivo penal», pues lo que desaparece con el transcurso del

tiempo es la necesidad de pena. Consecuencia de esta afirmación, es reconocer que esta institución puede ser aplicada de oficio, aunque no haya sido alegada como cuestión de previo pronunciamiento (artículo 666.3 de la Ley de Enjuiciamiento Criminal), y la de reconocer a la prescripción los mismos efectos de irretroactividad que los correspondientes a las normas sustantivas penales, a salvo su consideración de mayor favorabilidad. Otros autores han sostenido una naturaleza «procesal», basando la institución en la dificultad de prueba que determina el transcurso del tiempo. Otros fundamentos de la prescripción se han encontrado en las expectativas que crea en el sujeto la falta de persecución del hecho durante un tiempo; en la seguridad jurídica; en la negación de las finalidades de celeridad en la realización de la justicia, etc.

Como explica Juan Ramón Medina Cepero, un **criterio doctrinal tradicional** consideró que del mismo modo que en el derecho civil estaba prevista la ineficacia de las acciones civiles por transcurrir el plazo sin ejercitarlas, y se regulaban «prescripciones extintivas» como causa de pérdida de derechos individuales reconocidos en la ley, debían reconocerse efectos extintivos al transcurso del tiempo respecto a la responsabilidad nacida del delito. De este modo, la «acción penal» quedaba extinguida por el transcurso del tiempo, y, además, la posibilidad de la extinción de la «acción penal» sólo podía plantearse a instancia de parte y necesariamente como «cuestión de previo pronunciamiento» de los artículos 666.3 y 793.2 de la Ley de Enjuiciamiento Criminal tras la apertura del juicio oral, pues hasta la presentación de los escritos de acusación no hay verdadera acusación y verdadero juicio contra las partes procesadas. La afirmación de la «naturaleza procesal» de la prescripción se refería a que se trataba de un «derecho subjetivo» potestativo, alegable normalmente por el procesado, como un «medio de defensa» que lo liberaría de la persecución jurídica a que venía sometido y determinante de la extinción de la «acción penal», y por ello, de la responsabilidad que pudiera imputarse al procesado. Ahora bien, ante la injusticia que podía suponer que la prescripción de un delito no pudiese ponerse de manifiesto hasta que el juicio se abriera, cuando ya durante la instrucción resultara su existencia, algún autor (Aguilera de Paz) distinguió entre la prescripción «como excepción», alegable únicamente por el procesado, y la prescripción «como cuestión de fondo», que también era apreciable de oficio durante la instrucción, de modo que, el instructor debería practicar todas las diligencias necesarias para su apreciación y, dar por terminado el sumario y remitirlo a la Audiencia Provincial, para que por la misma pueda sobreseerse la causa por virtud de la caducidad de la acción ejercitada para la persecución y castigo del hecho origen del procedimiento. Por otro lado, esta doctrina tradicional consideraba: a) que el dies a quo del cómputo de la prescripción debía situarse en el momento de descubrimiento del delito, y no el de su comisión; b) que en el caso de penas compuestas se debía atender a la de mayor duración para fijar el plazo de prescripción; c) que no debía computarse para la prescripción del delito el lapso de tiempo transcurrido entre la comisión de la falta y la emisión del acto que tipificaba como tal el hecho justiciable, ya que hasta ese momento no había sido reputado como delito, y en consecuencia, no debía computarse el tiempo que pudiese emplearse para investigar la naturaleza de un hecho punible a través de las pertinentes diligencias judiciales, aunque luego estas diligencias fuesen declaradas nulas por la autoridad judicial competente, porque no era posible estimar como idénticos los efectos que producía la nulidad decretada por un tribunal competente con los que producía la paralización de un proceso penal (pues la «acción penal» nunca había estado «abandonada», sino en ejercicio constante); d) que no podía incluirse en el plazo de la prescripción el tiempo derivado de causas ajenas a la voluntad del que hubiese podido ejercitar la acción penal; y e) que no podía tenerse en cuenta el lapso de tiempo en que el proceso penal hubiese estado paralizado por justo motivo o por razón que no cupiese atribuir a la persona que se hubiese podido beneficiar del transcurso del tiempo. Finalmente, en cuanto a la interrupción de la prescripción por dirigirse el «procedimiento» contra el «culpable», se planteó cuál era el sentido que debía darse a cada uno de los conceptos. En general, se consideró que era necesario que el procedimiento «penal» se dirigiera contra el «presunto culpable» no contra el ya «procesado», bastando la sustanciación en fase sumarial del procedimiento penal para proceder a la investigación de ese delito e intentar encontrar a las personas que hubiesen podido perpetrar esta infracción punible, aunque durante estas investigaciones sumariales se desconociera quién podía ser el presunto culpable y no pudiera dirigirse el proceso penal contra ninguna persona en concreto. Los «procedimientos» en materia criminal serían los que se dirigían a la instrucción de la causa en la forma prescrita por la ley, con inclusión del acto de conciliación en aquellos casos que era preciso, que interrumpía la prescripción siempre y cuando se presentara la querella en el plazo de dos meses a contar desde la celebración de dicho acto de conciliación.

El Tribunal Constitucional considera que la prescripción es un instituto regulado por normas penales, perteneciente al Derecho penal material «y, concretamente, a la noción del delito», como ha tenido ocasión de declarar la Sala Segunda del Tribunal Supremo (por ejemplo, Sentencias del Tribunal Supremo 137/1997, de 8 de febrero, y 1211/1997, de 7 de octubre, entre otras) (Sentencia del Tribunal Constitucional 70/2008, de 12 de marzo). La prescripción constituye una derivación inmediata de la propia esencia del instituto de la prescripción penal como límite temporal externo al ejercicio del ius puniendi por parte del Estado, ya que dicha esencia determina que el plazo de prescripción del delito sea indisponible para las partes actuantes en un procedimiento penal, toda vez que lo que prescribe no es la «acción penal para perseguir el delito» sino el delito mismo, lo que sólo puede suceder por intermedio de la persecución estatal, mediante un acto de interposición judicial, que supone trámite imprescindible para el ejercicio del ius puniendi (Sentencia del Tribunal Constitucional 63/2005, de 14 de marzo). El Auto del Pleno del Tribunal Constitucional 80/2021, de 15 de septiembre, refiere que los órganos de la jurisdicción ordinaria atribuyen una naturaleza material a la prescripción, que lleva aparejada la irretroactividad de los cambios desfavorables y la retroactividad de los que no lo sean (entre muchas, Sentencias del Tribunal Supremo 101/2012, de 27 de febrero, 583/2016, de 19 de junio, y 189/2018, de 20 de abril), y que así se ha entendido también por la jurisprudencia constitucional, que en la Sentencia del Tribunal Constitucional 157/1990, de 18 de octubre, sostuvo que la prescripción extingue la responsabilidad penal, no la acción penal, en atención a la función preventiva de la pena y el derecho del inculpado a que no se dilate indebidamente la situación que supone la virtual amenaza de una sanción penal, contribuyendo con su existencia al valor constitucional de la seguridad jurídica, y que en la Sentencia del Tribunal Constitucional 97/2010, de 15 de noviembre, afirmó que «la prescripción penal, institución de larga tradición histórica y generalmente aceptada, supone una autolimitación o renuncia del Estado al ius puniendi por el transcurso del tiempo, que encuentra también fundamento en principios y valores constitucionales, pues toma en consideración la función de la pena y la situación del inculpado o condenado, su derecho a que no se dilate indebidamente esta situación o la virtual amenaza de la sanción penal; a lo que añadíamos que dicho instituto en general encuentra su propia justificación en el principio de seguridad jurídica». El fundamento material de la prescripción se sitúa, pues, en los principios de seguridad jurídica e intervención mínima y proporcionada a la gravedad de los hechos y los fines legítimos de prevención general y especial que justifican el ejercicio del ius puniendi, en tanto la amenaza penal requiere ser actuada en forma seria, rápida y eficaz (por todas, Sentencia del Tribunal Constitucional 63/2005, de 14 de marzo). Esa comprensión material de la prescripción del delito determina que la infracción penal tiene un plazo, pasado el cual se extingue toda posibilidad de exigir responsabilidades por razón de su comisión (Sentencias del Tribunal Constitucional 63/2005, de 14 de marzo, 79/2008, de 14 de julio, y 37/2010, de 19 de julio). El contenido normativo es, pues, el propio de una norma penal, de modo que la determinación de las previsiones legales aplicables sobre la prescripción han de ser las vigentes y correspondientes a la infracción penal que se hubiera cometido y por la que habría de ser condenado de no concurrir la prescripción como causa extintiva de la responsabilidad penal y no las relativas a otro título de imputación (Sentencia del Tribunal Constitucional 37/2010, de 19 de julio, y 25/2018, de 5 de marzo).

Como una cuestión vinculada al carácter material o procesal de la institución de la prescripción surge la de la retroactividad o irretroactividad de las normas que la regulan, que se ha planteado en diversos ámbitos, y entre ellos, cuando las normas de derecho internacionales establecen la imprescriptibilidad de ciertos ilícitos.

La **Sentencia del Tribunal Supremo 101/2012, de 27 de febrero**, analiza la cuestión con detalle. **Las disposiciones reguladoras de la prescripción, concretamente, las reformas que señalan una modificación de los plazos o del** señalamiento del día de inicio del cómputo, son normas de «carácter sustantivo penal» y, por lo tanto, afectas a la interdicción de su aplicación retroactiva (artículo 9.3 de la Constitución), salvo que su contenido fuera más favorable. La Sala Segunda lo ha declarado en diversas ocasiones. La Sentencia del Tribunal Supremo 1064/2010, de 30 de noviembre, afirma que ante un nuevo término de la prescripción que había entrado en vigor en el mes de mayo de 1999, cuando hacía meses que había cesado la conducta delictiva, no puede otorgarse eficacia retroactiva al precepto penal que lo dispuso menos favorable al acusado. La Sentencia del Tribunal Supremo 1026/2009, de 16 de octubre, contiene un supuesto de penalidad intermedia más favorable en referencia al término de prescripción. La Sentencia del Tribunal Supremo 719/2009, de 30 de junio, concluye que es claro que la prescripción de tres años prevista en el Código Penal de 1995 es más favorable que la dispuesta en el artículo 113 del Código Penal de 1973. La Sentencia del Tribunal Supremo 149/2009, de 24 de febrero, que concluye que si se estudia la normativa de la prescripción se observa que el Código de 1973 es más favorable (en comparación con el de 1995). En todas estas resoluciones el argumento central es que «**la Constitución garantiza la irretroactividad de las disposiciones sancionadoras no favorables o restrictivas de derechos individuales**». Ciertamente, se ha discutido por algún sector doctrinal, e incluso algunos países han acogido una construcción de la prescripción de los delitos en la que manteniendo su «naturaleza de derecho sustantivo», por afectar a la teoría del delito como causa de extinción de la responsabilidad penal, despliega unos «**efectos procesales**», **entendiendo que sería de aplicación la regla del** «*tempus regit actum*», **lo que determinaría que la nueva norma de prescripción sería de aplicación al momento procesal en el que actúa.** Sin embargo, ese no ha sido el criterio de la doctrina penal y la jurisprudencia española que ha considerado que el instituto de la prescripción es una norma de «carácter sustantivo» y de «orden público» sobre el que actúa el criterio de la irretroactividad salvo en lo favorable. Por lo tanto, aun cuando los Tratados Internacionales sobre la materia fijaran la imprescriptibilidad de los delitos contra la humanidad, esa exigencia que ha sido llevada a nuestro ordenamiento jurídico interno, tiene una aplicación de futuro y no es procedente otorgarle una interpretación retroactiva por impedirlo la seguridad jurídica y el **artículo 9.3 de la Constitución y**

artículos 1 y 2 del Código Penal. En fin, la declaración de «imprescriptibilidad» prevista en los Tratados Internacionales que han sido ratificados por España e incorporados a nuestro ordenamiento no permite su aplicación retroactiva.

La Sentencia del Tribunal Supremo 440/2024, de 22 de mayo, hace referencia a la doctrina establecida por la Sentencia del Tribunal Supremo 101/2012, de 27 de febrero, que al abordar la cuestión de la aplicación retroactiva de la imprescriptibilidad, indica que fue resuelta al declarar que **la vigencia del principio de legalidad «prohíbe sin excepciones la aplicación retroactiva de la norma penal a hechos anteriores a su vigencia»**, argumento que es también aplicable al derecho penal internacional, convencional o consuetudinario, sin perjuicio de que su constatación sea tenido en cuenta como criterio de interpretación hermenéutico de una cultura de defensa de derechos humanos.

Tanto el Auto del Pleno del Tribunal Constitucional 80/2021, de 15 de septiembre, como el Auto del Pleno del Tribunal Constitucional 57/2024, de 17 de junio, abordan la posible vulneración del derecho a la tutela judicial efectiva del artículo 24 de la Constitución, en la modalidad de derecho al acceso a la jurisdicción y a la investigación penal, mediante los autos que dispusieron en un momento inicial, tras la presentación de una querella y sin acordar la práctica de diligencia alguna, el sobreseimiento libre en tanto, por un lado, la calificación jurídica de los hechos objeto de la querella conforme a la legislación vigente en aquel momento determinaría la apreciación de unos delitos claramente prescritos, y por otro lado, a la fecha en que se cometieron los hechos no existía en nuestro ordenamiento jurídico el «delito de lesa humanidad» que el querellante afirmaba cometido, pues fue introducido con posterioridad, mediante la Ley Orgánica 15/2003, de 25 de noviembre, que además le atribuyó carácter imprescriptible. Pues bien, el Tribunal Constitucional considera que no se ha producido la vulneración denunciada porque: el derecho a la tutela judicial efectiva del artículo 24 de la Constitución se halla unido al principio de legalidad penal del artículo 25.1 de la Constitución, puesto que la apertura del procedimiento penal resultaría improcedente si los hechos de la investigación no reuniesen los caracteres de delito o resultara aplicable alguna causa legal de extinción de la responsabilidad penal; el Derecho internacional penal, en especial, el consuetudinario, como fuente de tipos penales de carácter imprescriptible y no amnistiables, resulta incompatible con el principio de legalidad penal porque tal Derecho no satisface las garantías de *lex scripta, praevia* y *certa*, que «impiden que se apliquen en nuestro espacio constitucional figuras delictivas definidas en ámbitos parcialmente ajenos a nuestro ordenamiento de forma abierta, cambiante, no homogénea ni consolidada en una redacción precisa y que, además, no establecen de forma específica la penalidad que corresponde a la conducta sancionada»; la **pretensión de imprescriptibilidad** de los hechos denunciados supone la quiebra de la garantía de **irretroactividad** y, con carácter general, de la tutela de la seguridad jurídica y la libertad que orienta las garantías penales, entre las que se encuentra la figura de la prescripción; y, en fin, de ninguna manera es posible ampliar los plazos o aplicar causas de interrupción retroactivamente. En fin, «**no cabe imponer a los tribunales nacionales una investigación y castigo penal frente a conductas sobre las que han operado causas legales extintivas de la responsabilidad penal y, menos aún, una rebaja de las garantías del derecho a la legalidad penal**».

La cuestión también ha surgido **en el ámbito de la Unión Europea** y se ha plasmado en toda su complejidad en la **Sentencia del Tribunal de Justicia de la Unión Europea de 24 de julio de 2023, C-107/23 PPU (Lin)**, en cuyo texto, e igualmente, en las conclusiones del abogado general, se abordan diversas cuestiones vinculadas a la prescripción del delito, con ocasión del análisis del **artículo 49 de la Carta de los Derechos Fundamentales de la Unión Europea**, en cuanto a la retroactividad de la ley penal más favorable («lex mitior») a los plazos de prescripción de la responsabilidad penal y a sus motivos de interrupción.

1.2. Apreciación de oficio

Por responder a principios de orden público y de interés general **puede ser proclamada de oficio, en cualquier estado del proceso en que se manifieste con claridad la concurrencia de los requisitos que la definen y condicionan** (Sentencias del Tribunal Supremo 839/2002, de 6 de mayo, 1224/2006, de 7 de diciembre, 25/2007, de 26 de enero, 793/2011, de 8 de julio, 1048/2013, de 19 de septiembre, y 760/2014, de 20 de noviembre) y no resulta imprescindible la práctica de prueba para adoptar una decisión sobre la cuestión planteada, siendo incluso factible en algunos supuestos, su aplicación después de celebrado el juicio oral y dictada sentencia, es decir, dentro del límite del recurso casacional (Sentencias del Tribunal Supremo 1173/2000, de 30 de junio, 420/2004, de 30 de marzo, y 1404/2004, de 30 de noviembre). La prescripción **puede y debe** ser examinada de oficio, por ser de naturaleza sustantiva, de legalidad ordinaria y responder a principios de orden público y de interés general (Sentencias del Tribunal Supremo 4121/2004, de 30 de marzo, o 94/2008, de 15 de febrero, entre muchas otras), siendo apreciable en cualquier estado del procedimiento, en el recurso de casación e incluso después de pronunciada sentencia carente aún de firmeza a fin de que no se abra el plazo de prescripción de la pena (Sentencia del Tribunal Supremo 194/2008, de 16 de febrero) (Sentencia del Tribunal Supremo 944/2023, de 20 de diciembre).

La posibilidad de introducir en casación la cuestión relativa a la prescripción del delito cuando no fue planteada previamente en apelación, ni en la instancia fue analizada en la **Sentencia del Pleno del Tribunal Supremo 345/2020, de 20 de junio.** La «naturaleza revisora» del recurso de casación y el hecho de que lo que se recurre en casación es la sentencia de apelación determina que no quepa traer a casación cuestiones que no han sido objeto de debate en apelación. No sería posible «revisar» en casación una decisión de la Audiencia Provincial sobre un punto en cuestión por la sencilla razón de que no se adoptó. La Sentencia del Tribunal Supremo 41/2020, de 6 de febrero, indicó que el recurso por infracción de ley contra sentencias dictadas en grado de apelación por las Audiencias Provinciales y que se regula en el artículo 849.1.b) de la Ley de Enjuiciamiento Criminal, introducido por la Ley 41/2015, de 5 de octubre, debe ser objeto de interpretación estricta, para que este Tribunal Supremo cumpla su función primordial de unificación de doctrina. Realmente, la cuestión se corresponde con un tema transversal propio y característico de la teoría general de los recursos procesales, sea cual sea el orden jurisdiccional en que nos movamos. Cuando coexisten dos escalones impugnativos (normalmente apelación y casación), al segundo solo podrán acceder las cuestiones que hayan sido objeto de debate en la instancia previa. Tal axioma constituye una derivación de la «doctrina de la cuestión nueva» en el ámbito de los recursos, campo donde además adquiere connotaciones más rígidas. A la segunda instancia puede llevarse todo lo tratado en el juicio de instancia de forma explícita o implícita. También cuestiones que no hubieran sido alegadas pero que han aflorado en la sentencia como consecuencia de la amplitud del conocimiento en esa instancia, marcado tan solo por los principios acusatorio, en materia penal, y de rogación o dispositivo en otros ámbitos. No en cambio aquellos temas novedosos que fueron silenciados sin razón alguna en la instancia. Pero a un recurso posterior solo podrá acceder lo delimitado por la impugnación previa. El recurso de casación penal en el régimen vigente se admite legalmente (dejando al margen casos excepcionales, por ejemplo, aforados) contra sentencias dictadas en apelación. En casación se ventila la corrección de la decisión del Tribunal de apelación. Ello, indirectamente, supondrá debatir sobre temas decididos primeramente en la instancia; pero no sobre todos, sino solo sobre aquéllos que hayan sido llevados a la apelación porque solo sobre ellos puede pronunciarse el tribunal ad quem. El resto de asuntos decididos y no cuestionados ni impugnados han de considerarse consentidos (tantum devolutum quantum apellatum). La apelación no es un nuevo juicio íntegro: su objeto es más limitado que el de la instancia. Está marcado por los contornos prefijados por el apelante —y, en su caso el impugnante adhesivo— en su recurso. Si lo que se puede recurrir en casación es la sentencia de apelación (no la del Juzgado de lo Penal o, en su caso, la Audiencia Provincial), secuela revestida de una lógica aplastante y derivada de esa premisa será que no podrá introducirse per saltum lo que no fue objeto de examen por el Tribunal de apelación. Lo decidido por un Juzgado de lo Penal no es susceptible de casación; solo de apelación. Es lo resuelto en apelación lo que puede acceder a casación. Y en la casación se ventila la conformidad a derecho de la sentencia de apelación que, si es correcta, solo podrá pronunciarse sobre lo impugnado, no sobre otras cuestiones que las partes no cuestionan en sus recursos. Es más, si resolviese sobre otros puntos no impugnados, aunque su solución fuese hipotéticamente acertada en el fondo, habría que anularla en casación ante la queja de cualquier parte por no haberse ajustado a ese dogma elemental y clásico: tantum devolutum quantum apellatum (*vid.* artículo 465.5 de la Ley de Enjuiciamiento Civil). Pueden aducirse en casación nuevos argumentos (por ejemplo, se pidió en apelación que se suprimiese la reincidencia por no tratarse de delito de la misma naturaleza y en casación se alega, además, que el antecedente estaba cancelado), pero no podrán introducirse nuevas pretensiones impugnatorias (no se discutió la reincidencia en la apelación y en casación se lucha por suprimir la agravante: sobre esa cuestión no hay ningún pronunciamiento de la Audiencia; por tanto no se puede reprochar a la Audiencia una decisión inexistente. No se puede anular una sentencia de la Audiencia que ha resuelto de forma impecable todo lo que le presentó para resolver; y que, también haciendo lo que debía hacer, no se ha pronunciado sobre otras cuestiones). Las pretensiones impugnatorias no admiten el «efecto Guadiana»: desaparecen en la apelación y reaparecen sorpresivamente en una ulterior impugnación. En el momento en que se consiente una decisión no impugnándola queda expulsada esa cuestión de la controversia, ha dejado de formar parte del objeto procesal de la apelación y, por ende, de la casación. Las impugnaciones sucesivas han de ser un continuum guardando congruencia unas con otras. En el ámbito penal así vino a afirmarlo la jurisprudencia desde que se introdujo un recurso de apelación previo a la casación en el procedimiento del jurado. Antes el problema del recurso per saltum no aparecía: no existía una segunda instancia previa a la casación (el diseño era o apelación o casación; pero no apelación más casación). Con la generalización de la segunda instancia han comenzado a reproducirse supuestos, cada vez más frecuentes, en que aparece esta disfunción. Se vienen resolviendo en la forma que ha quedado expuesta, sin perjuicio de que situaciones muy excepcionales puedan requerir soluciones excepcionales (y también contamos con algunos precedentes indicativos de ello: por ejemplo, un pronunciamiento jurisprudencial de relieve que marca una línea muy diferente y que irrumpe ya resuelta la apelación). Ahora bien, **se han admitido por la Sala Segunda supuestos en que** muy excepcionalmente se justificaría el examen en casación de una cuestión no planteada en apelación, como es la prescripción u otras cuestiones que deban apreciarse de oficio por los tribunales. Así, en la Sentencia del Tribunal Supremo 174/2006, de 22 de febrero, que no admitió el reproche consistente en que la alegación de la prescripción se realizó como una cuestión nueva no planteada en la instancia, y ello por tratarse de una institución de orden público que puede y debe ser apreciada incluso de oficio por los órganos jurisdiccionales (véanse Sentencias del Tribunal Supremo de 26 de abril de 1996 y 9 de mayo de 1997, entre otras muchas). También, con carácter más general, la Sentencia del Tribunal Supremo 22/2005, de 17 de enero, y la Sentencia del Tribunal Supremo 480/2009, de 22 de mayo. En el mismo sentido, las Sentencias del Tribunal Constitucional 123/2005, de 12 de mayo, 140/2006, de 8 de mayo, 155/2009, de 25 de junio, y 198/2009, de 28 de setiembre, entre otras. A esta posibilidad también se refirió el Tribunal de Justicia de la Unión Europea (TJUE) en la Sentencia de 17 de marzo de 2016, Bensada Benallal, que afirma que cuando de conformidad con la legislación nacional, un motivo planteado por primera vez ante un tribunal nacional de casación, basado en la violación del derecho interno, sólo es admisible si es de orden público, un motivo basado en la violación del derecho a ser oído, tal y como garantiza el derecho de la Unión Europea, y que se plantea también por primera vez ante el mismo tribunal de casación, debe ser declarado también admisible si cumple las condiciones exigidas por la legislación nacional para ser considerado como un motivo de orden público, lo que corresponde comprobar al órgano jurisdiccional remitente). En similar sentido la Sentencia del Tribunal de Justicia de la Unión Europea de 14 de noviembre de 2017, caso British Airways contra Comisión Europea. **Esta doctrina se recoge igualmente en las Sentencias del Tribunal Supremo 764/2021, de 8 de octubre, 249/2022, de 17 de marzo, 349/2022, de 6 de abril, y 1030/2024, de 14 de noviembre**, que refieren que en ese contexto la Sala Segunda viene admitiendo «el **planteamiento per saltum de la excepción de prescripción** o de otras cuestiones que deban apreciarse de oficio por los Tribunales».

1.3. Apreciación en cualquier estado de la tramitación del procedimiento en que se manifieste con claridad

1.3.1. Momentos en que debe comprobarse la concurrencia de la prescripción del delito

La prescripción constituye un supuesto fáctico-normativo que desapodera al Estado de su potestad de imposición de pena (Sentencias del Tribunal Constitucional 37/2010, de 19 de julio, 95/2010, de 15 de noviembre, 97/2010, de 15 de noviembre, y 25/2018, de 5 de marzo), lo que se traduce en la **necesidad correlativa de comprobar, durante todo el curso del proceso, e incluso antes de iniciar su apertura,** que la acción penal que se ejercita, y sobre la que se basan las pretensiones de responsabilidad criminal y civil, pervive. **La prescripción no constituye, solo, un** «óbice de punibilidad» **sino también** «de persecución», «de sustanciación» **del propio proceso penal** (Sentencia del Tribunal Supremo 400/2022, de 22 de abril).

Aunque la Sala Segunda viene diciendo desde hace años que la prescripción puede ser apreciada de oficio «en cualquier momento del proceso», es una cuestión polémica porque no han faltado planteamientos que entienden que se produce una vulneración del derecho a la tutela judicial efectiva cuando se resuelve la prescripción como «cuestión previa» antes de la celebración del juicio, sin dar oportunidad a las partes de probar y alegar con plenitud sobre los hechos que pueden justificar la improcedencia de la prescripción (*ex* Sentencia del Tribunal Supremo 31/2020, de 4 de febrero).

No ofrece duda que **la prescripción del delito puede concurrir y ser estimada después de pronunciada una sentencia carente aún de firmeza.** El propio concepto de procedimiento apunta, **como límite final,** a la **firmeza de la sentencia, momento en que la prescripción del delito cede el paso a la prescripción de la pena** (Sentencias del Tribunal Supremo 907/1995, de 22 de septiembre, y 1211/1997, de 7 de octubre, así como, otras más recientes, como la Sentencia del Tribunal Supremo 383/2007, de 10 de mayo). En tanto la Sentencia no sea firme, los plazos de prescripción aplicables son los correspondientes a la prescripción de la infracción y no los de prescripción de la pena si la sentencia condenatoria ya se hubiese pronunciado (Sentencia del Tribunal Supremo de 29 de diciembre de 1998).

Una vez firme la Sentencia, la posibilidad de hacer valer la prescripción del delito a través del **recurso de revisión** está muy limitada. El conocido como «recurso» de revisión tiene una naturaleza excepcional, al ser su objeto la revocación o declaración de nulidad de sentencias firmes (se ha dicho, por eso, que, en puridad, no se trata de un recurso sino de un medio excepcional de impugnación contra resoluciones que ya han ganado firmeza) y pone en cuestión con ello la autoridad del principio de cosa juzgada. Supone, en consecuencia, un remedio límite para evitar el mantenimiento de los efectos producidos por el dictado de resoluciones injustas, cuando el error advertido implica la inculpabilidad de alguna persona, de modo que su finalidad está encaminada a que prevalezca, sobre la sentencia firme, la auténtica verdad y, con ello, la justicia material sobre la formal. Supone, en definitiva, una derogación para el caso concreto del principio preclusivo de la cosa juzgada y persigue fundamentalmente mantener, en la medida de lo posible, el necesario equilibrio entre las exigencias de la justicia y las de la seguridad jurídica. La **alegación de la prescripción del delito en supuestos en que se cuestionan los hitos tenidos en cuenta para computar el plazo de prescripción** no parece tener acogida en las letras a), b), c) y f) del artículo 954.1 de la Ley de Enjuiciamiento Criminal, ni tampoco en los números 2 y 3 de ese mismo precepto, y podría ser reconducida al cauce que ofrece el artículo 954.1 d) de la Ley de Enjuiciamiento Criminal, que se refiere a «cuando después de la sentencia sobrevenga el conocimiento de hechos, o elementos de prueba que, de haber sido aportados, hubieran determinado la absolución o una condena menos grave» (ex Auto del Tribunal Supremo de 7 de junio de 2022, Recurso 21139/2021). Ahora bien, el recurso de revisión no cabe en aquellos casos en los que lo que, en realidad, se pretende es una distinta valoración por parte del Tribunal Supremo respecto de hechos o elementos probatorios, que ya fueron tenidos en cuenta, o pudieron serlo, al tiempo de ser dictada la sentencia cuya revisión se persigue, pues no cabe convertirlo en una suerte de segunda e intempestiva instancia (ex Auto del Tribunal

Supremo de 7 de junio de 2022, Recurso 21139/2021), o una tercera instancia (Sentencia del Tribunal Supremo de 16 de julio de 2009), y además, solamente procede cuando de manera clara, terminante y patente se haya acreditado el error, se deba proceder a la anulación de la sentencia equivocada (Sentencias del Tribunal Supremo de 3 de abril de 2002 y 17 de septiembre de 2001 y Autos del Tribunal Supremo de 30 de junio de 2000 y 28 de noviembre de 2012). De esta forma, por ejemplo, no cabrá alegar la existencia de «hechos sobrevenidos» cuando todos ellos estaban invocados expresamente, y, además, explícitamente documentados, en la causa, y por ello, accesibles al conocimiento de todas las partes sin necesidad de acudir a ninguna otra fuente de información y con carácter previo al juicio, lo que impide que pueda sostenerse en vía de recurso de revisión que se ignoraban o que, por alguna razón no pudieron aducirse ya en la primera instancia. Un supuesto de estimación del recurso de revisión se encuentra en la Sentencia del Tribunal Supremo 604/2018, de 28 de noviembre.

1.3.2. La declaración de la prescripción del delito con anterioridad a la sentencia

La declaración de la prescripción del delito antes del dictado de sentencia exige que la cuestión aparezca tan clara que, de modo evidente y sin dejar duda alguna al respecto, pueda afirmarse sin necesidad de la celebración del juicio oral que ha transcurrido el plazo designado al efecto por la ley para el delito de que se trate (Sentencia del Tribunal Supremo 517/2007, de 8 de junio). En otras palabras, se declarará la prescripción del delito «cuando concurren de forma diáfana los presupuestos fácticos y jurídicos de la prescripción delictiva», es decir, «cuando de forma clara y manifiesta no existe justificación para celebrar el juicio oral porque desde el punto de vista fáctico no resulte necesaria la práctica de prueba alguna para adoptar una decisión sobre la cuestión previa planteada, y desde el punto de vista jurídico la calificación de los hechos sea incontrovertida» (Sentencia del Tribunal Supremo 735/2021, de 30 de septiembre).

No forma parte del «contenido material del derecho a la tutela judicial efectiva», tal y como ha sido definido por la jurisprudencia constitucional y de esta la Sala Segunda, el derecho a que las alegaciones sobre prescripción sean resueltas en el turno de intervenciones a que se refiere el artículo 786.2 de la Ley de Enjuiciamiento Criminal o en la sentencia definitiva. Esa interpretación, si bien se mira, abraza un entendimiento del «principio de preclusión procesal» que no es acorde con su significado como criterio de ordenación del proceso y, por tanto, de rango axiológico inferior a otros valores y principios que convergen en el enjuiciamiento penal. En este sentido, la Sentencia del Tribunal Constitucional 195/2009, de 28 de septiembre, encuentra el fundamento de la prescripción penal en principios y valores constitucionales, pues toma en consideración la función de la pena y la situación del presunto inculpado, su derecho a que no se dilate indebidamente la situación que supone la virtual amenaza de una sanción penal, a lo que se añade que dicho instituto, en general, encuentra su propia justificación constitucional en el principio de seguridad jurídica (Sentencia del Tribunal Supremo 783/2011, de 8 de julio)

La «anticipación» de la decisión en cuanto a la declaración de prescripción del delito es procesalmente correcta y no comportará menoscabo alguno de las posibilidades de defensa, contradicción e impugnación siempre y cuando todas las partes sean oídas antes de realizar el pronunciamiento, sea dictada por el órgano competente para ello y no suponga cerrar el camino impugnatorio. Desde esta perspectiva, no se trataría de un problema de «trámite procesal», sino de, si concurre o no la prescripción, de modo que, se estimaría la impugnación en cuanto a la declaración de prescripción del delito si, por ejemplo, era viable una calificación por un delito con pena que excluyera la prescripción, y ello, por no existir «seguridad» al respecto, y no por haberse resuelto «prematuramente» o por un «cauce inidóneo», y se desestimaría la impugnación basada en esa razón procedimental de poderse afirmar con rotundidad que los hechos estaban prescritos (ex Sentencia del Tribunal Supremo 583/2013, de 10 de junio, citada por otras posteriores, como la más reciente Sentencia del Tribunal Supremo 719/2022, de 14 de julio).

Por otro lado, mientras no concurre una calificación definitiva de los hechos, que es la acogida por el tribunal que debe juzgarlos, es decir, **mientras no existe una sentencia firme, se trata, en realidad, de «calificaciones o catalogaciones de hechos con apariencia delictiva necesariamente sujetos** a su juicio provisional de tipicidad», de forma que, lo que se declara prescrito con anterioridad a la sentencia no es un delito o falta propiamente dicho, sino un «hecho con apariencia de delito o falta». Siendo ello así, **solo puede tenerse en cuenta la calificación vigente en el momento en que vaya a aplicarse la prescripción, pues no existe otra que tenga mayor concreción,** de forma que, si es en la propia sentencia donde se califican los hechos como apropiación indebida agravada, artículo 250.1. 6.º del Código Penal, solo a partir de este momento podrá entenderse aplicable el plazo de prescripción correspondiente a dicho delito. Los hechos perseguidos penalmente constituyen el delito, según la calificación que hayan realizado los órganos jurisdiccionales, con respeto al principio acusatorio que se concreta en las calificaciones definitivas de las partes y no la pretendida en algún momento anterior por las partes (Sentencia del Tribunal Supremo 316/2013, de 17 de abril).

1.3.2.1. Supuestos en los que no procede la apreciación anticipada de la prescripción del delito

La Sentencia del Tribunal Supremo 71/2004, de 2 de febrero, citando a la Sentencia del Tribunal Supremo 222/2002, de 15 de mayo, se refiere a la **inconveniencia de anticipar** «cuestiones que sólo debieran haber sido resueltas tras el debate del plenario y a la vista de todas las probanzas practicadas». La prescripción es un instituto que traduce jurídicamente la influencia que el transcurso del tiempo tiene en el derecho y por ello **no deja de ser una cuestión de hecho en aspectos sustanciales (como puede ser el momento inicial de su cómputo o los supuestos interruptivos de la misma), lo que conlleva la necesidad de desarrollar prueba suficiente acerca de la realidad de aquéllos** y por ello la inconveniencia de resolver prematuramente sobre la misma con anterioridad a la celebración del juicio oral (Sentencia del Tribunal Supremo 554/2003, de 2 de febrero de 2004).

La Sentencia del Tribunal Supremo 511/2011, de 16 de mayo, tras considerar que no es ineludible con tal adelanto y que es aconsejable la remisión a la sentencia, tras la plena celebración del juicio oral, cuando el Tribunal no cuenta con elementos de juicio suficientes para establecer los datos de hecho de los que aquella decisión depende, añade que solamente la práctica de la prueba hace efectiva la facultad de formular conclusiones definitivas, diversas de las provisionales, que incluyan datos de los que dependa la modificación de la tipificación inicialmente propuesta, si no implica variación sustancial del objeto del proceso, o de la participación, grado de ejecución o circunstancias que modifiquen la responsabilidad atribuida al acusado. Y eso lo autoriza la ley procesal para el procedimiento abreviado sin quiebra de la defensa, tal como deriva de la posibilidad que se otorga al acusado de solicitar los aplazamientos, formular las alegaciones o hacer las propuestas de nuevas pruebas, a que se refiere el citado artículo 788.4 de la Ley de Enjuiciamiento Criminal. Aún cuando se pudiera considerar que esta línea argumental no reconduce necesariamente al ámbito constitucional, por no afectar al derecho fundamental a la tutela judicial, al menos en el ámbito de la legalidad ordinaria priva de validez a la decisión recurrida.

Para apreciar la prescripción de esta manera anticipada no debe existir duda alguna sobre la concurrencia de sus presupuestos, lo que no ocurrirá:

a) Cuando las peticiones de las acusaciones en sus «tipos agravados» y la «continuidad delictiva» permitan ampliar el marco de la acusación hasta penas que determinarían un plazo prescriptivo mayor.

Lo procedente sería diferir la cuestión al tribunal sentenciador después de la celebración del juicio oral y resolver la cuestión en sentencia. Y por ello al obstarse la continuación del juicio e impedirse la practica de prueba sobre esas circunstancias fundamentadoras del titulo de imputación de la acusación, se vulneraría el «derecho a la tutela judicial efectiva» cuyo contenido se integra muy especialmente por el derecho a esa prueba, pero también lo es que se admite la clausura del procedimiento por auto de sobreseimiento cuando el presupuesto de la prescripción concurra y de manera inequívoca sin posibilidad de ulterior reconsideración, esto es cuando el tribunal cuente con elementos de juicio suficientes para establecer los datos de hecho de los que aquella decisión dependa (Sentencia del Tribunal Supremo 385/2015, de 25 de junio).

Aunque ello no sea un principio absoluto y pueda aplicarse anticipadamente la prescripción en casos de diafanidad incontrovertible, lo cierto es que en línea de principio no es este el supuesto del delito continuado, donde es preciso asentar previamente los elementos fácticos y jurídicos que lo integran, como es la existencia de un plan preconcebido o el aprovechamiento de idéntica ocasión, máxime cuando su imputación alcanza a una pluralidad de autores o cooperadores, pues el delito será continuado porque los hechos enjuiciados lo justifiquen y no por la mera calificación de los mismos como tal (Sentencia del Tribunal Supremo 554/2003, de 2 de febrero de 2004).

b) **Cuando sea preciso el pronunciamiento sobre algún aspecto relevante del «hecho objeto de acusación» con capacidad de incidencia en la «calificación legal», según se afirme o niegue su existencia**, pues afecta al objeto del proceso y solo puede adoptarse en sentencia tras la valoración de las pruebas practicadas en el juicio oral, o se suscite **controversia en torno a la «subsunción» que aboque al Tribunal a decantarse por alguna de las alternativas planteadas**, pues las partes deben tener la oportunidad de defender su «calificación» de forma contradictoria en el acto del juicio oral.

Lo contrario compromete la **tutela judicial efectiva** que la Constitución garantiza (entre otras muchas, Sentencias del Tribunal Supremo 1077/2010, de 9 de diciembre, 793/2011, de 8 de julio, 583/2013, de 10 de junio, 678/2013, de 19 de diciembre, 112/2017, de 22 de febrero, o 185/2021, de 3 de marzo) (Sentencia del Tribunal Supremo 735/2021, de 30 de septiembre).

1.3.2.2. Apreciación de la prescripción del delito en un primer momento: desestimación a limine de la querella y archivo inicial de la denuncia

La apreciación de la prescripción del delito **en un primer momento** dará lugar **a la desestimación a limine de la querella o al archivo inicial de la denuncia,** más que a una resolución que acuerde el «sobreseimiento libre» de las actuaciones, aunque lo cierto es que no se trata de una cuestión que presente una particular relevancia pues el contenido material sería el mismo. El **artículo 313.1 de la Ley de Enjuicia-**

miento Criminal preceptúa que el juez de instrucción «desestimará» la querella cuando los hechos en que se funde no constituyan delito, o cuando no se considere competente para instruir el sumario objeto de la misma. El artículo 269 de la Ley de Enjuiciamiento Criminal afirma que «Formalizada que sea la denuncia, se procederá o mandará proceder inmediatamente por el Juez o funcionario a quien se hiciese a la comprobación del hecho denunciado, salvo que éste no revistiere carácter de delito, o que la denuncia fuere manifiestamente falsa. En cualquiera de estos dos casos, el Tribunal o funcionario se abstendrán de todo procedimiento, sin perjuicio de la responsabilidad en que incurran si desestimasen aquélla indebidamente». La doctrina científica ha precisado que la «inadmisión» a trámite debe declararse cuando la querella no reúna los requisitos formales establecidos en los artículos 277 y siguientes de la Ley de Enjuiciamiento Criminal, mientras que, la «desestimación» de la querella es procedente en los supuestos de atipicidad penal de los hechos objeto de la querella o de incompetencia del juez de instrucción, debiendo asimilarse al primero de los enunciados los casos de extinción de la responsabilidad penal por cualquiera de los motivos legales, como lo es la prescripción de la acción penal.

1.3.2.3. Apreciación de la prescripción del delito tras el inicio de la instrucción

Tras el inicio de la instrucción y hasta la apertura del juicio oral, la apreciación de la prescripción del delito determinará el dictado de un auto de sobreseimiento libre. La Sentencia del Tribunal Supremo de 16 de junio de 1993 considera que el encuadre adecuado de la prescripción del delito sería en el número 3 del artículo 637 de la Ley de Enjuiciamiento Criminal, por ser la prescripción una «causa de exención de la responsabilidad criminal», tanto más que la reciente jurisprudencia ha acentuado el carácter sustantivo del instituto de la prescripción. En la misma línea, la Sentencia del Tribunal Supremo 1651/2002, de 7 de octubre, que considera que junto a los supuestos previstos en el artículo 20 del Código Penal, existen otras causas de «exención de la responsabilidad penal» que pueden ser declaradas a través de un auto de sobreseimiento acordado al amparo del número 3 del artículo 637 citado, como es, entre otras, la prescripción del delito (artículo 130.5º del Código Penal).

Ahora bien, también se ha afirmado que las decisiones de prescripción, aunque no están formalmente aludidas en el artículo 637 de la Ley de Enjuiciamiento Criminal, «equivalen» a un sobreseimiento libre, como se deduce de manera expresa del artículo 675 de la Ley Procesal Penal (ex Auto del Tribunal Supremo de 26 de febrero de 2010, Recurso 20729/2009). **La prescripción del delito, aunque no sea propiamente un causa de exención de la responsabilidad penal (artículo 637.3º de la Ley de Enjuiciamiento Criminal), es equiparable a los supuestos de sobreseimiento libre** (Sentencias del Tribunal Supremo 583/2013, de 10 de junio, y 760/2014, de 20 de noviembre).

Una vez acordada la apertura del juicio oral, la resolución que establece la prescripción del delito se producirá de forma distinta según se trata del Procedimiento Sumario Ordinario o del Procedimiento Abreviado.

El **artículo 666.3ª de la Ley de Enjuiciamiento Criminal**, para el **Procedimiento Sumario Ordinario, incluye** entre los **artículos de previo pronunciamiento** la **prescripción del delito**. El artículo 667 de la Ley de Enjuiciamiento Criminal señala que las cuestiones expresadas en el artículo 666 de la Ley de Enjuiciamiento Criminal podrán proponerse en el término de tres días, a contar desde el de la entrega de los autos para la calificación de los hechos. El artículo 673 de la Ley de Enjuiciamiento Criminal prevé la celebración de una «vista» y el artículo 674 de la Ley de Enjuiciamiento Criminal el dictado en un auto para resolver la cuestión planteada. El artículo 675 de la Ley de Enjuiciamiento Criminal añade que «Cuando se declare haber lugar a cualquiera de las excepciones comprendidas en los números 2.º, 3.º y 4.º del artículo 666, **se sobreseerá libremente**, mandando que se ponga en libertad al procesado o procesados que no estén presos por otra causa». El **artículo 678.1 de la Ley de Enjuiciamiento Criminal puntualiza que «Las partes podrán reproducir en el juicio oral, como medios de defensa, las cuestiones previas que se hubiesen desestimado, excepto la de declinatoria. Lo anterior no será de aplicación en las causas competencia del Tribunal del Jurado sin perjuicio de lo que pueda alegarse al recurrir contra la sentencia».**

La reforma operada por la Ley Orgánica 1/2025, de 2 de enero, en vigor a partir del día 3 de abril de 2025, ha modificado la tramitación del Procedimiento Abreviado, y en lo que aquí interesa, ha introducido una denominada «audiencia preliminar», cuya regulación se encuentra en el **artículo 785 de la Ley de Enjuiciamiento Criminal.** Dicho precepto dispone que en cuanto las actuaciones se encontraren a disposición del órgano competente para el enjuiciamiento, el juez, jueza o tribunal convocará al Ministerio Fiscal y a las partes a una «audiencia preliminar» en la que podrán exponer lo que estimen oportuno acerca de la posibilidad de conformidad del acusado o acusados, la competencia del órgano judicial, la vulneración de algún derecho fundamental, **la existencia de «artículos de previo pronunciamiento»,** causas de la suspensión de juicio oral, nulidad de actuaciones, así como sobre el contenido, finalidad o nulidad de las pruebas propuestas. Podrán igualmente proponer la incorporación de informes, certificaciones y otros documentos. También podrán proponer la práctica de pruebas de las que las partes no hubieran tenido conocimiento en el momento de formular sus escritos de acusación o defensa. La celebración de la audiencia preliminar requiere la asistencia del acusado y del abogado defensor. El juez, jueza o tribunal examinará las pruebas propuestas y resolverá admitiendo las que considere pertinentes y rechazando las demás, prevendrá lo necesario para la práctica de la prueba anticipada y **resolverá sobre el resto de cuestiones planteadas de forma oral, salvo que, por la complejidad de las cuestiones planteadas, hubiera de serlo por escrito, en cuyo caso el auto habrá de ser dictado en el plazo de diez días.** Contra la resolución adoptada no cabrá recurso alguno, **sin perjuicio de la pertinente protesta y de que la cuestión pueda ser reproducida, en su caso, en el recurso frente a la sentencia, salvo que dicha resolución ponga fin al procedimiento, en cuyo caso, será susceptible de recurso de apelación, en el plazo y con las formalidades prevenidas en los artículos 790 y siguientes.** Esta comparecencia se registrará en el modo previsto en el artículo 743 de la Ley de Enjuiciamiento Criminal. En cuanto al **juicio oral, conforme al artículo 786.2 de la Ley de Enjuiciamiento Criminal, comenzará con la lectura de los escritos de acusación y de defensa.** Y el artículo 786.3 de la Ley de Enjuiciamiento Criminal añade que «Al inicio de las sesiones del juicio, únicamente podrá solicitarse la incorporación de informes, certificaciones y otros documentos. También podrá proponerse la práctica de pruebas de las que las partes no hubieran tenido conocimiento al momento de celebrar la comparecencia prevista en el artículo 785».

Con anterioridad a la reforma introducida por la Ley Orgánica 1/2025, de 2 de enero, en el ámbito del Procedimiento Abreviado, el artículo 786.2 de la Ley de Enjuiciamiento Criminal (cuya última redacción databa de la Ley Orgánica 13/2009, de 3 de noviembre) establecía que «El Juicio oral comenzará con la lectura de los escritos de acusación y de defensa. Seguidamente, a instancia de parte, el Juez o Tribunal abrirá un turno de intervenciones para que puedan las partes exponer lo que estimen oportuno acerca de la competencia del órgano judicial, vulneración de algún derecho fundamental, existencia de artículos de previo pronunciamiento, causas de la suspensión de juicio oral, nulidad de actuaciones, así como sobre el contenido y finalidad de la pruebas propuestas o que se propongan para practicarse en el acto. El Juez o Tribunal resolverá en el mismo acto lo procedente sobre las cuestiones planteadas. Frente a la decisión adoptada no cabrá recurso alguno, sin perjuicio de la pertinente protesta y de que la cuestión pueda ser reproducida, en su caso, en el recurso frente a la sentencia». La Sala Segunda del Tribunal Supremo señaló el distinto régimen que establecían los artículos 676 y 678 de la Ley de Enjuiciamiento Criminal para el Procedimiento Ordinario Sumario y el artículo 786.2 de la Ley de Enjuiciamiento Criminal para el Procedimiento Abreviado. La Sentencia del Tribunal Supremo 517/2007, de 8 de junio, consideró que en nuestra Ley de Enjuiciamiento Criminal la prescripción del delito aparecía en el número 3º del artículo 666 como uno de los llamados «artículos de previo pronunciamiento», que conforme a los artículos 676 y 678 de tal ley procesal, aplicables al procedimiento ordinario, estaban sometidos a un trámite de resolución anticipada a la celebración del juicio oral, de modo que, si acordaba su desestimación, habría de continuar la causa adelante, sin perjuicio de su ulterior reproducción en el plenario, mientras que, en caso de estimación, procedía recurso de casación. En el caso del procedimiento abreviado estas cuestiones del artículo 666 de la Ley de Enjuiciamiento Criminal no tenían trámite previo al juicio oral para su resolución, sino que habían de alegarse, ya en el seno del plenario, en su momento inicial, en el llamado «turno de intervenciones» del artículo 786.2 de la Ley de Enjuiciamiento Criminal. La resolución de la cuestión de la prescripción del delito previa al juicio oral en el procedimiento abreviado era excepcional, pues sólo cabía cuando el tema a resolver se presentaba con la necesaria claridad, de modo que, si había dudas fácticas al respecto, no era posible esa decisión que habría de someterse entonces a la tramitación propia de los «artículos de previo pronunciamiento», según se ha indicado, o, en todo caso, como una cuestión más a debatir dentro del trámite del juicio oral y a resolver en sentencia. La Sentencia del Tribunal Supremo 511/2011, de 16 de mayo, señaló que, ciertamente, el artículo 786.2 de la Ley de Enjuiciamiento Criminal permitía tratar en la sesión de comienzo del juicio oral las mismas materias que constituyen el objeto de los artículos de previo pronunciamiento en el denominado procedimiento ordinario (artículos 666 y siguientes de la misma ley). Ahora bien, en el procedimiento abreviado, la tramitación se limitaba a un «turno de intervenciones», tras las cuales el Juez o Tribunal, resolvía en el mismo acto y con exclusión de cualquier recurso interlocutorio. En el procedimiento sumario ordinario, además de una tramitación diversa, con admisión de prueba documental, la decisión admitía recursos devolutivos interlocutorios. En el caso de alegarse prescripción, cabía un recurso devolutivo contra la decisión que la proclamaba y que, además, había de ser precisamente la de sobreseimiento libre y no sentencia. La Sentencia del Tribunal Supremo 776/2021, de 14 de octubre, manifestó que entre las cuestiones que podían plantearse en el trámite de cuestiones previas reguladas en el artículo 786 de la Ley de Enjuiciamiento Criminal se encontraban los artículos de previo pronunciamiento, y el artículo 666.3º de la Ley de Enjuiciamiento Criminal consideraba la prescripción del delito como uno de ellos.

Lo que delimita el objeto del proceso en el trámite de «cuestiones previas» del Procedimiento Sumario Ordinario son los escritos de calificación y, a partir de ellos, se debe determinar si el delito por el que se formula acusación está o no prescrito, sin que pueda quedar pendiente ese análisis de hipotéticos cambios de calificación que pudieran formularse en el trámite de conclusiones definitivas ya que, de admitirse semejante planteamiento, siempre sería prematuro todo pronunciamiento sobre la prescripción y conduciría a la imposibilidad de plantear esta excepción como cuestión de previo pronunciamiento. Es cierto que el objeto del proceso penal es de cristalización progresiva y está sujeto a modificaciones durante el desarrollo del proceso, incluso al término del juicio, pero en este último caso con relevantes limitaciones. Sin embargo, también es cierto que en la **calificación provisional** se han de determinar los elementos fácticos y jurídicos que justifican la acusación lo que delimita el objeto de enjuiciamiento, de todo punto imprescindible para la efectividad del derecho de defensa. **La delimitación de ese objeto es lo que justifica la Ley de Enjuiciamiento Criminal no sólo posibilite, sino que obligue, a plantear las «cuestiones previas» antes de la celebración del juicio,** entre las que se comprende la prescripción del delito, y no sería congruente con esa exigencia procesal que la apreciación o no de la prescripción quedara condicionada a futuras modificaciones de la calificación provisional. Por lo tanto, la Audiencia Provincial ha actuado con corrección al declarar la prescripción de un delito en atención a la calificación del mismo efectuada en el escrito de calificación provisional (Sentencia del Tribunal Supremo 627/2020, de 20 de noviembre).

La Sentencia del Tribunal Supremo 692/2022, de 7 de julio, en un caso en que se había denegado la alegación de prescripción del delito en dos ocasiones anteriores (la primera, al revocar el auto de conclusión del sumario y ordenar el procesamiento de los acusados; y la segunda, al desestimar el «artículo de previo pronunciamiento» planteado por la defensa), en sede de juicio oral la sala estimó la prescripción y dictó **sentencia** absolutoria, apartándose así del criterio sustentado hasta el momento para concluir justamente lo contrario. La Tribunal Supremo consideró que **no puede afirmarse que los órganos judiciales estén vinculados por sus propias resoluciones anteriores, pero lo que sí debe afirmarse es que tal cambio de criterio debe estar debidamente razonado y apoyado en argumentos que determinen su vinculación al Derecho. No parece aceptable que los mismos argumentos de hecho, circunstancias y actividad procesal junto a los mismos apoyos jurisprudenciales** que llevaron a mantener que la prescripción quedó interrumpida, valgan para negarla de manera contundente en la sentencia, que no lo hacen, y ello, sin aportación de dato o elemento alguno de fuerza de signo contrario.

1.4. Apreciación sin sujeción a exigencias procesales formales

Debe estimarse siempre que concurren los presupuestos sobre los que asienta, lapso de tiempo correspondiente o paralización del procedimiento, **aunque la solicitud no se inserte en el cauce procesal adecuado y dejen de observarse las exigencias procesales formales concebidas al efecto,** como artículo de previo pronunciamiento en el proceso ordinario, artículo 666.3 de la Ley de Enjuiciamiento Criminal o como «cuestión previa» al inicio del juicio en el abreviado, ex artículo /86.2 de la Ley de Enjuiciamiento Criminal, en aras de evitar que resulte condenada una persona que, por especial previsión exprese voluntad de la Ley, tiene extinguida la posible responsabilidad penal (Sentencia del Tribunal Supremo 387/2007, de 10 de mayo, que ha sido seguida por numerosas resoluciones posteriores, como las más recientes Sentencias del Tribunal Supremo 177/2022, de 24 de febrero, 719/2022, de 14 de julio, 78/2024, de 25 de enero, y 440/2024, de 22 de mayo). Hay que precisar que la anteriores consideraciones (que la Sentencia del Tribunal Supremo 1146/2006, de 26 de noviembre, considera como «doctrina consagrada») tomaban en consideración, respecto al Procedimiento Abreviado, la redacción que el artículo 786.2 de la Ley de Enjuiciamiento Criminal tenía en aquellos momentos y que **la Ley Orgánica 1/2025, de 2 de enero, en vigor desde el día 3 de abril de 2025, ha introducido en el ámbito del Procedimiento Abreviado una «audiencia preliminar» a la** celebración del juicio oral que se regula en el artículo 785 de la Ley de Enjuiciamiento Criminal. Esta «audiencia preliminar», no prevista en la legislación procesal penal previa a la reforma, tiene diversas finalidades, y en lo que aquí interesa, la de resolver sobre «artículos de previo pronunciamiento» que se planteen (entre los que se encuentra la prescripción del delito). La resolución se dictará de forma **oral, salvo que, por la complejidad de las cuestiones planteadas, hubiera de serlo por escrito, en cuyo caso el auto habrá de ser dictado en el plazo de diez días.** Contra la resolución adoptada no cabrá recurso alguno, **sin perjuicio de la pertinente protesta y de que la cuestión pueda ser reproducida, en su caso, en el recurso frente a la sentencia, salvo que dicha resolución ponga fin al pro-**cedimiento, en cuyo caso será susceptible de recurso de apelación, en el plazo y con las formalidades prevenidas en los artículos 790 y siguientes. El artículo 787.2 de la Ley de Enjuiciamiento Criminal, en cuanto a la celebración del juicio oral, afirma que «El juicio oral comenzará con la lectura de los escritos de acusación y de defensa» y el artículo 787.3 de la Ley de Enjuiciamiento Criminal precisa que «Al inicio de las sesiones del juicio, únicamente podrá solicitarse la incorporación de informes, certificaciones y otros documentos. También podrá proponerse la práctica de pruebas de las que las partes no hubieran tenido conocimiento al momento de celebrar la comparecencia prevista en el artículo 785». De esta forma, la nueva regulación ha establecido un trámite procesal específico, previo y distinto al juicio oral, para la alegación de los «artículos de previo pronunciamiento». La nueva regulación no prevé que en el juicio oral pueda reproducirse el «artículo de previo pronunciamiento» que fue desestimado en la «audiencia preliminar», pues remite a las partes a su reproducción en el recurso frente a la sentencia. Tampoco se refiere al planteamiento ex novo en el juicio oral del «artículo de previo pronunciamiento». Ahora bien, si se considera que se mantiene vigente la doctrina del Tribunal Supremo anteriormente expuesta, cabría admitir, al menos, esta última posibilidad (e incluso, su nuevo planteamiento haciendo uso para ello de los parámetros que pueden derivarse de la ya citada Sentencia del Tribunal Supremo 692/2022, de 7 de julio), pese a la introducción de un trámite procesal específico previo para resolver los «artículos de previo pronunciamiento».

1.5. Proximidad al instituto de la caducidad

La Sentencia del Tribunal Supremo de 30 de noviembre de 1963 indicó que la prescripción del delito, o con más exactitud, de la responsabilidad penal nacida de aquél, es de orden público y de política penal, pues se funda en el aquietamiento que se produce en la conciencia social cuando por el transcurso del tiempo se atenúa el estado de intranquilidad que el hecho delictivo produce y en la necesidad para el orden social de que pasado un determinado lapso de tiempo se elimine toda incertidumbre en las relaciones jurídicas, de lo que se desprende que la institución examinada tiene poco de común con la prescripción extintiva civil y en cambio su afinidad es tan grande con la caducidad que casi se identifican, lo que trae como secuela necesaria el aceptarla al ser pedida, o proclamarla «*ex oficio*» con sus efectos distintivos, en cualquier estado del procedimiento en que se manifieste con claridad indestructible y aun en los casos en que al ser alegada no se ajuste con precisión el alegato a los estrictos cauces y exigencias procesales, que aunque también son de orden público, deben ceder su preeminencia ante la necesidad de evitar condenar por un delito a una persona a quien se le extinguió o caducó su responsabilidad penal por voluntad categórica y terminante de la Ley, expresada en el artículo 112 del Código Penal que señala hasta siete causas distintas productoras del mismo efecto extintivo, igualmente merecedoras de cumplimiento por imperativo legal. La **Sentencia del Tribunal Supremo de 25 de abril de 1988** afirma que toda la doctrina de la Sala Segunda (Sentencias del Tribunal Supremo de 1 de febrero de 1968, 31 de mayo de 1976, 22 de febrero de 1985, 21 de septiembre de 1987 y 27 de junio de 1987) se inclina básicamente a través de una **evolución paralela y profunda en orden a una importante aproximación y cuasi identificación de la prescripción penal con la caducidad**, aplicable a instancia de parte o de oficio, para los delitos públicos y los privados, sin otras exigencias que las que de manera expresa aparecen en el Código Penal. La **Sentencia del Tribunal Supremo de 4 de junio de 1993** refiere una cuasi identificación entre prescripción del delito y caducidad, por lo que aquélla ha de ser apreciada aquélla incluso de oficio, en cualquier estado del procedimiento u oportunidad procesal, siendo así viable su alegación, aun como cuestión nueva, en el escrito de interposición del recurso de casación, tal aquí acontece, o incluso en la misma vista del recurso. La **Sentencia del Tribunal Supremo de 2 de diciembre de 1995** se refiere, igualmente, a la cuasi identificación entre prescripción del delito y caducidad. La Sentencia del Tribunal Supremo 793/2011, de 8 de julio, afirma que la apreciación de oficio de la prescripción deriva de naturaleza sustantiva, de legalidad ordinaria y **próxima al instituto de la caducidad** y por responder a principios de orden público y de interés general. Esta fórmula se acoge por la doctrina posterior de la Sala Segunda, como es el caso de las Sentencias del Tribunal Supremo 678/2013, de 19 de septiembre, y 122/2015, de 6 de julio.

1.6. Cuestión de legalidad ordinaria. La posibilidad de impugnación ante el Tribunal Constitucional

La prescripción como causa extintiva de la responsabilidad criminal, es, **en principio**, una **cuestión de legalidad** que corresponde decidir a los tribunales ordinarios y que carece, por su propio contenido, de relevancia constitucional (Sentencia del Tribunal Constitucional 37/2010, de 19 de julio, FJ 2, con cita de las Sentencias del Tribunal Constitucional 63/2005, de 14 de marzo, FJ 2, 29/2008, de 20 de febrero, FJ 7, y 79/2008, de 14 de julio, FJ 2) (Sentencia del Tribunal Constitucional 25/2018, de 5 de marzo). **Por tratarse de una «situación de libre configuración legal»**, no cabe concluir que su establecimiento suponga una merma del «derecho de acción» de los acusadores (Sentencia del Tribunal Europeo de Derechos Humanos de 22 de octubre de 1996, caso Stubbings, § 46 y ss.), ni que las peculiaridades del régimen jurídico que el legislador decida adoptar, delitos a los que se refiere, plazos de prescripción, momento inicial de cómputo del plazo o causas de interrupción del mismo, afecten, en sí mismas consideradas, a derecho fundamental alguno de los acusados (Sentencia del Tribunal Constitucional 63/2005, de 14 de marzo, FJ 2, y en el mismo sentido, Sentencias del Tribunal Constitucional 29/2008, de 20 de febrero, FJ 7, 79/2008, de 14 de julio, FJ 2, y resoluciones en ellas citadas).

La **Sentencia del Tribunal Constitucional 59/2010, de 4 de octubre**, al analizar el artículo 132.1 del Código Penal en la redacción anterior a la reforma operada por la Ley Orgánica 5/2010, de 22 de junio, tras señalar la necesidad de un «acto de interposición judicial» (que garantice la seguridad jurídica y del que pueda deducirse la voluntad de no renunciar a la persecución y castigo del delito) para que se produzca la interrupción de la prescripción, precisa que la «determinación de la intensidad o calidad» de dicha actuación judicial para entender interrumpido el lapso prescriptivo de la infracciones corresponde a la jurisdicción ordinaria, y el **enjuiciamiento del Tribunal Constitucional** debe limitarse a analizar en el caso concreto, en primer lugar, si existió «algún acto» de interposición judicial, y en segundo lugar, si la valoración de este acto realizada por los tribunales cumplió con el «deber de motivación reforzado» que se ha exigido en este ámbito. Por su parte, la **Sentencia del Tribunal Constitucio-**

nal 12/2016, de 1 de febrero, considera que la decisión judicial que resuelva sobre la prescripción puede impugnarse a través del recurso de amparo por «ignorar los términos de la norma aplicable» o por no ajustarse al «canon de motivación constitucionalmente exigible». Y añadió que, en este caso, la impugnación ante el Tribunal Constitucional deberá examinar tanto desde el derecho a la legalidad penal (artículo 25.1 de la Constitución) como desde el derecho a la tutela judicial efectiva (artículo 24.1 de la Constitución), con repercusión última en ambos casos en el derecho a la libertad personal (artículo 17.1 de la Constitución).

Desde el derecho a la legalidad penal (artículo 25 1 de la Constitución) resultará conculcada la libertad «tanto cuando se actúe bajo la cobertura improcedente de la ley, como cuando se proceda contra lo que la misma dispone» (Sentencias del Tribunal Constitucional 127/1984, de 26 de diciembre, FJ 4, 28/1985, de 27 de marzo, FJ 2, 241/1994, de 20 de julio, FJ 4, 322/2005, de 12 de diciembre, FJ 3, y 57/2008, de 28 de abril, FJ 2). Los términos en los que el instituto de la prescripción penal venga regulado deberán ser interpretados con particular rigor «en tanto que perjudiquen al reo» (Sentencias del Tribunal Constitucional 29/2008, de 20 de febrero, FFJJ 10 y 12, y 37/2010, de 19 de julio, FJ 5). Debe tenerse en cuenta que puede haber interpretaciones que, aunque respondan a una racionalidad acorde con un determinado entendimiento que el Juzgador considere asumible, en tanto se separen o desconozcan los estrictos términos de la previsión legal y de la racionalidad legislativa que la sustenta, se convierten en interpretaciones irracionales e incoherentes por vulneradoras de las estrictas garantías de la motivación en el marco de la legalidad penal. No puede eludirse la declaración de inconstitucionalidad o la apreciación de lesión en los señalados derechos fundamentales cuando la interpretación judicial de la norma reguladora de la prescripción de la pena suponga una aplicación extensiva o analógica en perjuicio del reo (Sentencia del Tribunal Constitucional 63/2005, de 14 de marzo, FJ 3, y otras posteriores recogidas en la más reciente Sentencia del Tribunal Constitucional 63/2015, de 13 de abril, FJ 3). El control de la prescripción de la pena en sede constitucional partirá, por tanto, de la prohibición de interpretaciones contra legem, y de interpretaciones extensivas in malam partem. Es, asimismo, doctrina del Tribunal Constitucional que, dada la trascendencia de los valores constitucionales y derechos fundamentales concernidos, cuando entre en juego la libertad personal el control de la resolución impugnada amparado en la tutela judicial efectiva actuará bajo el canon de la motivación reforzada (artículo 24.1 de la Constitución). La decisión judicial deberá así razonar los elementos tomados en cuenta a la hora de interpretar las normas relativas a la prescripción de la sanción penal respetando, al propio tiempo, los fines que dicho instituto persigue (Sentencias del Tribunal Constitucional 63/2005, de 14 de marzo, FJ 3, 29/2008, de 20 de febrero, FJ 10, 79/2008, de 14 de julio, FJ 2, y 195/2009, de 28 de septiembre, FJ 2). El estándar de motivación aplicable a estos casos será, pues, especialmente riguroso, debiendo abarcar tanto la exteriorización del razonamiento por el que se estima que concurre —o no— el supuesto previsto en la ley, como el nexo de coherencia entre la decisión adoptada, la norma que le sirve de fundamento y los fines que la justifican (Sentencia del Tribunal Constitucional 63/2001, de 17 de marzo, FJ 7, seguida entre otras, por la Sentencia del Tribunal Constitucional 63/2005, de 14 de marzo). Por su parte, **la Sentencia del Tribunal Constitucional 33/2022, de 7 de marzo**, concluye que hay lesión de los derechos fundamentales en juego cuando la interpretación judicial de la norma reguladora de la prescripción, aunque no pueda ser tildada de irrazonable o arbitraria, lleva consigo, al exceder su más directo significado gramatical, una aplicación extensiva o analógica en perjuicio del reo.

La concreta decisión judicial que aprecia o rechaza tal prescripción resulta susceptible de acceder al amparo, estando, en efecto, legitimado el Tribunal Constitucional para revisar si la **motivación concretamente empleada cumple con el «canon de motivación reforzada» exigible en estos casos** (Sentencias del Tribunal Constitucional 214/1999, de 29 de noviembre, FJ 4, 63/2001, de 17 de marzo, FJ 7, 63/2005, de 14 de marzo, FJ 3, 82/2006, de 13 de marzo, FJ 10, o 79/2008, de 14 de julio, FJ 2), dada la trascendencia de los valores constitucionales y derechos fundamentales en juego, entre los cuales destacan la libertad personal (artículo 17.1 de la Constitución) y la legalidad penal (artículo 25.1 de la Constitución). Como recuerdan las Sentencias del Tribunal Constitucional 109/2013, de 6 de mayo, y 192/2013, de 18 de noviembre, el control de la prescripción penal en sede de jurisdicción constitucional se funda en el derecho a la tutela judicial efectiva y en la conexión de la prescripción en el ámbito punitivo con el derecho a la libertad (artículo 17.1 de la Constitución), sin posibilidad de interpretaciones in malam partem en virtud del artículo 25.1 de la Constitución (Sentencia del Tribunal Constitucional 29/2008, de 20 de febrero, FJ 12). Dada la trascendencia de los valores constitucionales en juego en la aplicación del Derecho penal, **el estándar de las exigencias derivadas del deber de motivación es más riguroso en estos casos al afectar a los derechos fundamentales a la libertad y a la legalidad penal de quien invoca la causa extintiva de la responsabilidad penal** (por todas, Sentencia del Tribunal Constitucional, Pleno, 63/2001, de 17 de marzo, FJ 7). Por lo que se refiere a la determinación del canon aplicable para proceder en cada caso a la revisión de una decisión judicial apreciando o denegando la existencia de prescripción, es el propio del artículo 24 de la Constitución, en cuanto exige para entender otorgada la tutela judicial efectiva que la pretensión sea resuelta mediante **una resolución que sea razonada, es decir, basada en una argumentación no arbitraria, ni manifiestamente irrazonable, ni incursa en error patente** (Sentencias del Tribunal Constitucional 214/1999, de 29 de noviembre, FJ 4, y 63/2005, de 14 de marzo, FJ 3).

2

FUNDAMENTO Y FINES

La Sentencia del Tribunal Constitucional 157/1990, de 18 de octubre, dando respuesta a una cuestión de inconstitucionalidad formulada respecto al artículo 114 párrafo 2 in fine del Código Penal de 1973, en concreto, en cuanto a si la interrupción de la prescripción del delito por la paralización del procedimiento no achacable al particular vulneraba el artículo 24.1 de la Constitución, afirmó que el Tribunal Constitucional ha admitido que el ordenamiento «limite temporalmente la vía (sic) de la correspondiente acción». La prescripción **encuentra su propia justificación constitucional** en el **principio de seguridad jurídica,** y en el caso de las «acciones penales» podría tener **otro fundamento**: la interdicción de las dilaciones indebidas, la orientación reeducadora de reinserción social de las penas privativas de libertad, etc. Además, la legitimidad constitucional de las leyes no es debida a la vinculación positiva de aquellos principios o reglas constitucionales expresamente proclamados, sino de la ausencia de contradicción entre el texto legal y el texto constitucional. La valoración sobre la brevedad del plazo de prescripción o de la influencia que sobre la aplicación de esta institución pueda tener la acumulación del trabajo de los órganos judiciales debe hacerse por el propio legislador, sin que pueda suplirse esta valoración mediante un juicio negativo de inconstitucionalidad.

El **fundamento** de la prescripción es triple:

a) Una **limitación del ius puniendi del Estado por el transcurso de un tiempo** previamente fijado por la Ley;

b) Enlazado con lo anterior, el **olvido social del delito** que produce el transcurso del tiempo; y

c) Enlazado también con todo lo anterior, un elemental **principio de seguridad jurídica** para todos los ciudadanos por ser inadmisible que penda indefinidamente sobre ellos la amenaza de un proceso penal por hechos cometidos por ellos en tiempos lejanos. Precisamente, la excepción a este planteamiento se encuentra en el catálogo de delitos imprescriptibles dada la enormidad de su naturaleza que no puede ser borrada de la memoria colectiva (Sentencia del Tribunal Supremo 116/2011, de 1 de febrero).

Conforme se señaló en las Sentencias del Tribunal Supremo 304/2020, de 12 de junio, y 724/2018, de 24 de enero de 2019, con cita expresa de Sentencia del Tribunal Supremo 1294/2011, de 21 de noviembre, **la prescripción del delito, incorporada por el legislador como causa de extinción de la responsabilidad criminal en el artículo 130.6.º** del Código Penal, tiene su fundamento, una vez rechazado ampliamente el planteamiento seguido por aquellos autores que la vinculaban a motivos procesales relacionados con la desaparición de las pruebas por el transcurso del tiempo, **en aspectos directamente relacionados con la «teoría de la pena». Es decir, la fundamentación de la prescripción será diversa en función de cuál sea la teoría de la pena por la que se opte.** Conforme a este planteamiento, el fundamento de la prescripción deberá encontrarse en la falta de necesidad reeducativa o resocializadora de la pena por el hecho cometido a causa del transcurso del tiempo, si se considera que la pena tiene una función estrictamente preventivo-especial; en la falta de necesidad preventivo-general, pues el transcurso del tiempo impediría que la imposición y ejecución de la pena pudiera llegar a producir efecto disuasorio alguno (prevención general negativa); o en la falta de necesidad de estabilización normativa (prevención general positiva), a causa del propio transcurso del tiempo (Sentencia del Tribunal Supremo 560/2023, de 6 de julio).

El fundamento de la prescripción es la **imposibilidad de ejercicio del «ius puniendi» del Estado como consecuencia de la renuncia al mismo** (*ex* Sentencia del Tribunal Supremo 400/2022, de 22 de abril, y Sentencia del Tribunal Constitucional 29/2008, de 20 de febrero).

El transcurso del tiempo señalado en la Ley es suficiente para que opere el instituto de la prescripción, sin que sea lícito condicionamiento alguno. Algunas resoluciones de la Sala Segunda, como, por ejemplo, las Sentencias de 10 de marzo de 1954, 14 de enero de 1957 y 13 de mayo de 1973 entendieron que para apreciar los efectos prescriptivos no bastaba el mero transcurso del tiempo, sino que era preciso su sometimiento a determinados condicionamientos, como el abandono o que se debiese exclusivamente a la negligencia, abandono o incuria funcionarial, o por causas extrañas al acusado y al curso normal de las diligencias. Esta doctrina fue abandonada, concluyendo la Sentencia del Tribunal Supremo de 25 de abril de 1990 que no es lícito distinguir donde la Ley no distingue y mucho más en materia penal en que puede redundar en contra del reo.

En relación con los **fines de la institución**, el Tribunal Constitucional tiene declarado que el establecimiento de un plazo temporal para que el Estado pueda proceder a perseguir las infracciones penales:

a) **Persigue que no se produzca una latencia sine die de la amenaza penal que genere inseguridad en los ciudadanos respecto del calendario de exigencia de responsabilidad por hechos cometidos en un pasado más o menos remoto.**

Dicho con otras palabras, el plazo de prescripción toma en consideración la función de la pena y la situación del presunto inculpado, su derecho a que no se dilate indebidamente la situación que supone la virtual amenaza de una sanción penal, de manera que lo que **la existencia de la prescripción penal supone es que la infracción penal tiene un «plazo de vida», pasado el cual se extingue toda posibilidad de exigir responsabilidades por razón de su comisión.**

b) **Pero también obedece a la esencia de la propia amenaza penal, que requiere ser actuada de forma seria, rápida y eficaz, a fin de lograr satisfacer las finalidades de prevención general y de prevención especial que se le atribuyen** (Sentencia del Tribunal Constitucional 37/2010, FJ 2, con cita de las Sentencias del Tribunal Constitucional 63/2005, de 14 de marzo, FJ 4, y 79/2008, de 14 de julio, FJ 2).

Para lograr esa inmediatez no basta con la prohibición de dilaciones indebidas en el procedimiento, sino que, el legislador penal ha acudido a un instrumento más conminatorio, por el que se constriñe a los órganos judiciales a iniciar el procedimiento dentro de un término previa y legalmente acotado o a olvidarlo para siempre.

Los plazos de prescripción responden pues, esencialmente, a un **deseo de aproximación del momento de la comisión del delito al momento de imposición de la pena legalmente prevista**, dado que sólo así pueden satisfacerse adecuada y eficazmente las finalidades anteriormente mencionadas. Ni que decir tiene que ese deseo conlleva **una incitación a los órganos judiciales y a los acusadores públicos y privados a actuar diligentemente a fin de no demorar el inicio de la persecución penal**. La diligencia del Juez y de la parte acusadora es también, por consiguiente, una de las finalidades que con carácter inmediato persigue la prescripción penal, en el entendimiento de que toda negligencia de uno y otra conduce a favorecer al supuesto delincuente con la eventual impunidad de su conducta (Sentencia del Tribunal Constitucional 63/2005, de 14 de marzo).

El establecimiento de un plazo de prescripción de los delitos y faltas **no obedece a la voluntad de «limitar temporalmente el ejercicio de la acción penal» de denunciantes y querellados (configuración procesal de la prescripción), sino a la voluntad inequívocamente expresada por el legislador penal de «limitar temporalmente el ejercicio del ius puniendi por parte del Estado»** en atención a la consideración de que el simple transcurso del tiempo disminuye las necesidades de respuesta penal (configuración material de la prescripción) (Sentencias del Tribunal Constitucional 63/2005, de 14 de marzo, FJ 6, y 29/2008, de 20 de febrero, FJ 12).

La Sentencia del Tribunal Supremo 692/2022, de 7 de julio, afirma que el instituto de la prescripción persigue, entre otros objetivos, no atribuir normalidad a la pereza del Estado a la hora de hacer realidad la actuación del ius puniendi. La persecución de un hecho delictivo no puede conocer paréntesis dilatados de interrupción que puedan ser interpretados como la expresión de la indiferencia jurisdiccional para el restablecimiento del orden jurídico alterado por el delito.

Debe tenerse en cuenta que, como ha señalado el Tribunal Constitucional (Sentencias del Tribunal Constitucional 1521/1987, de 7 de octubre, 255/1988, de 21 de diciembre, y 83/1989, de 10 de mayo) el **«derecho a que un proceso se tramite y resuelva en un plazo razonable» es independiente**

del juego de la prescripción. Esta puede tener lugar incluso sin haberse iniciado el proceso penal, ya que el plazo se inicia desde la misma comisión del delito, se incoe o no el proceso. Y también puede haber una dilación indebida sin prescripción, cuando la dilación no llega a paralizar el procedimiento (Sentencia del Tribunal Supremo 132/2008, de 12 de febrero). Ante el detenimiento injustificado del procedimiento aparece la eventualidad de la vulneración del «**derecho fundamental a un procedimiento sin dilaciones indebidas**». **Sus consecuencias no coinciden necesariamente con las derivadas de la prescripción**. Reiterada doctrina del Tribunal Constitucional (por todas, Sentencia del Tribunal Constitucional 150/1993, de 3 mayo) establece como «no cabe deducir del derecho a un proceso sin dilaciones indebidas, y a que el proceso se tramite y resuelva en un plazo razonable, un derecho a que juegue o se produzca la prescripción penal, ya que son independientes». Aquella vulneración «no puede dar lugar al reconocimiento de un derecho a la prescripción si el procedimiento ha estado paralizado el tiempo legalmente fijado para que se extinga la responsabilidad penal por este motivo» (Sentencias del Tribunal Constitucional 255/1988, de 21 de diciembre, 83/1989, de 10 de mayo, y 224/1991, de 25 de noviembre). Cabe vulneración del derecho a ser juzgado en un plazo razonable sin prescripción (cuando incoado el proceso no han transcurrido los plazos previstos legalmente para que opere) o prescripción sin conculcación de aquel derecho fundamental (cuando el proceso no se ha incoado, transcurridos aquellos términos) (Sentencia del Tribunal Supremo 215/2020, de 22 de mayo).

A efectos de **diferenciar** la prescripción de la acción penal, o prescripción del delito, frente a la prescripción del cumplimiento de la pena adjudicada en sentencia condenatoria, debe reseñarse que la prescripción del delito como obstáculo procesal que impide la investigación judicial, y por ello puede decirse que la sociedad, en decisión del legislador que le representa, renuncia al ius puniendi, renuncia a una investigación tardía del delito y exime de responsabilidad penal a los eventuales responsables, por razones pragmáticas y jurídicas. Por el contrario, la institución de la «**prescripción de la pena**» se sitúa temporalmente en el espacio posterior al efectivo enjuiciamiento de los hechos y a la declaración de responsabilidad criminal, por lo que en esta vertiente de la prescripción no se produce en sentido estricto una renuncia al ius puniendi, sino una renuncia a una ejecución tardía de

la pena. Diferencias que tiene su reflejo en el distinto tratamiento que la ley establece para ambos supuestos en cuanto
a su alcance, requisitos y efectos, aspectos de configuración legislativa que sirven a la garantía de seguridad jurídica
como sustrato del derecho fundamental a la legalidad (artículo 25.1 de la Constitución) (Sentencia del Tribunal Constitucional 12/2016, de 1 de febrero, con remisión a lo dicho en
las Sentencias del Tribunal Constitucional 63/2015, de 13 de
abril, 47/2014, de 7 de abril, y 37/2010, de 19 de julio).

El **artículo 131.3 del Código Penal**, en la redacción otorgada por la Ley Orgánica 1/2015, de 30 de marzo, dispone
que «Los delitos de lesa humanidad y de genocidio y los
delitos contra las personas y bienes protegidos en caso de
conflicto armado, salvo los castigados en el artículo 614,
no prescribirán en ningún caso. Tampoco prescribirán los
delitos de terrorismo, si hubieren causado la muerte de una
persona».

> La redacción del precepto deriva de la reforma del Có-
> digo Penal operada por la Ley Orgánica 5/2010, de 22
> de junio. En la redacción originaria del Código Penal se
> dispuso únicamente la imprescriptibilidad del «delito de
> genocidio» y en la reforma derivada de la Ley Orgáni-
> ca 15/2003, de 25 de noviembre, se realizó una primera
> ampliación de la imprescriptibilidad, en tanto se declaró
> respecto a los «delitos de lesa humanidad y de genocidio
> y los delitos contra las personas y bienes protegidos en
> caso de conflicto armado».

En los supuestos de **imprescriptibilidad** el legislador considera que por la entidad del injusto debe favorecerse su persecución, renunciando a establecer límites temporales, pues
la extinción de la responsabilidad personal presunta por el
mero paso del tiempo podría socavar de manera grave los
fundamentos de nuestro modelo constitucional basado en
la convivencia pacífica. Apuesta por la imprescriptibilidad
que comporta, como consecuencia lógica, la confirmación
de que la pena prevista para el delito imprescriptible seguirá
cumpliendo fines legítimos de prevención general con independencia del momento en que se den las condiciones de
imposición. Y, también, de que la imposición, en su caso, de
la pena puntual resultante del proceso de individualización
no supondrá, desde la perspectiva de la prevención especial,
un exceso patente o un derroche inútil o desproporcionado

de sanción. Es obvio que en los supuestos de imprescriptibilidad el transcurso del tiempo ni reduce la gravedad del delito ni lo convierte en un evento del pasado que prive de fundamento material a la sanción (Sentencia del Tribunal Supremo 32/2024, de 11 de enero).

3

INTERPRETACIÓN

En la medida que la prescripción comporta un límite al poder punitivo del Estado, y en correlativa consecuencia, supone, también, un mecanismo de protección del derecho a la libertad de las personas sometidas al proceso o cuyo sometimiento se pretende, **su interpretación y aplicación debe regirse por estándares axiológicos favorecedores de sus efectos.** Como nos recuerda la Sentencia del Tribunal Constitucional 63/2005, de 14 de marzo, en la identificación de los presupuestos prescriptivos «el juez viene obligado a partir de argumentos axiológicos que sean respetuosos con los fines perseguidos por dicho instituto, que no son otros que los de limitar la intervención punitiva del Estado cuando por el transcurso del tiempo ha desaparecido la razón de utilidad que el legislador vincula, precisamente, a que la causa no sufra paralizaciones más allá de un determinado tiempo o no se haya dirigido materialmente contra el presunto responsable, en el tiempo oportuno» (Sentencia del Tribunal Supremo 400/2022, de 22 de abril).

En este sentido, la Sentencia del Tribunal Supremo 537/2019, de 5 de noviembre, afirma «que la prescripción es un instituto con una marcada vertiente material, que impone, entre otros efectos, una obligada interpretación **pro reo**, no admite discusión en la actual jurisprudencia. Y precisamente ese principio veta interpretaciones extensivas de la norma que operen en su contra». En idénticos términos se pronuncia la Sentencia del Tribunal Supremo 428/2022, de 29 de abril.

No hay que olvidar que una interpretación extensiva en favor de la interrupción de la prescripción tiene, sin duda el carácter de una interpretación contra reo, y por tanto prohibida en el sistema penal. Es desde esta perspectiva que encuentra su razón de ser la exigencia de un contenido esencial, y por tanto excepcional, que debe exigirse en las resoluciones capaces de interrumpir la prescripción (Sentencia del Tribunal Supremo 1169/2011, de 3 de junio).

La decisión por la que se desestima una pretensión de prescripción, al afectar, como aquí acontece, a los derechos fundamentales a la libertad y a la legalidad penal de quien invoca la causa extintiva de la responsabilidad penal, **debe contener un razonamiento expresivo de los elementos tomados en cuenta por el órgano judicial al interpretar las normas relativas a la institución** que, por otra parte, distan de ser diáfanas, en el entendimiento de que esta interpretación debe estar presidida por la *ratio legis* o fin de protección de dichas normas. De manera que no resultará suficiente un razonamiento exclusivamente atento a no sobrepasar los límites marcados por el tenor literal de los preceptos aplicables, sino que es exigible una argumentación axiológica respetuosa con los fines perseguidos por el instituto de la prescripción penal (Sentencia del Tribunal Constitucional 97/2010, de 15 de noviembre).

4

PLAZOS DE PRESCRIPCIÓN DE LOS DELITOS

El **artículo 131 del Código Penal,** en la redacción otorgada por la Ley Orgánica 1/2015, de 30 de marzo, establece que

«1. Los delitos prescriben:

A los veinte años, cuando la pena máxima señalada al delito sea prisión de quince o más años.

A los quince, cuando la pena máxima señalada por la ley sea inhabilitación por más de diez años, o prisión por más de diez y menos de quince años.

A los diez, cuando la pena máxima señalada por la ley sea prisión o inhabilitación por más de cinco años y que no exceda de diez.

A los cinco, los demás delitos, excepto los delitos leves y los delitos de injurias y calumnias, que prescriben al año.

2. Cuando la pena señalada por la ley fuere compuesta, se estará, para la aplicación de las reglas comprendidas en este artículo, a la que exija mayor tiempo para la prescripción.

3. Los delitos de lesa humanidad y de genocidio y los delitos contra las personas y bienes protegidos en caso de conflicto armado, salvo los castigados en el artículo 614, no prescribirán en ningún caso.

Tampoco prescribirán los delitos de terrorismo, si hubieren causado la muerte de una persona.

4. En los supuestos de concurso de infracciones o de infracciones conexas, el plazo de prescripción será el que corresponda al delito más grave».

5

VINCULACIÓN AL PLAZO DE PRESCRIPCIÓN CORRESPONDIENTE AL «DELITO COMETIDO» Y NO AL «TÍTULO DE IMPUTACIÓN»

5.1. Acuerdo adoptado en Pleno no jurisdiccional de la Sala Segunda del Tribunal Supremo celebrado el día 26 de octubre de 2010

La Sentencia del Tribunal Constitucional 37/2010, de 19 de julio, concluyó que la determinación de las previsiones legales aplicables sobre la prescripción han de ser las correspondientes no al «título de imputación», esto es, a la infracción penal que se imputa al acusado, inicialmente o a lo largo del procedimiento, sino a la «infracción de la que resulta penalmente responsable», es decir, la infracción penal que hubiera cometido y por la que habría de ser condenado de no concurrir la prescripción como causa extintiva de la responsabilidad penal.

El Tribunal Constitucional consideró que vulneraba el derecho a la tutela judicial efectiva sin indefensión del artículo 24.1 de la Constitución y la legalidad penal del artículo 25.1 de la Constitución la interpretación que condicionaba el plazo de prescripción y su cómputo al «procedimiento que se hubiera seguido para su enjuiciamiento» (o, en fin, al «título de imputación»), pues:

a) excedía del tenor literal o directo significado gramatical de los artículos 131 y 132 del Código Penal, que no condicionan el plazo de prescriptivo y su cómputo al trámite seguido para su enjuiciamiento;

b) suponía un criterio interpretativo no coherente con los fines de la prescripción (pues se trata de una cuestión de orden público, no estando por consiguiente a disposición de las partes acusadoras para que sean éstas quienes modulen los plazos de prescripción);

c) hacía recaer y soportar sobre la persona sometida a un proceso penal los plazos de prescripción correspondientes a una infracción penal que no habría cometido y de la que, por lo tanto, tampoco habría de ser responsable, lo que no resulta por tanto coherente con el fundamento material de la prescripción en los principios de seguridad jurídica, intervención mínima y necesidad preventivo-general y preventivo-especial de la pena;

d) dejaba, en último término, en manos de los denunciantes o querellantes la determinación de los plazos de prescripción (que podrían calificar los hechos objeto de denuncia o querella como constitutivos de una infracción penal de mayor gravedad que la que realmente constituyen y con ello determinar la aplicación de unos plazos de prescripción que permitieran la iniciación y prosecución del proceso cuando los hechos ya estaban prescritos, otorgando de este modo a los denunciantes y querellantes la virtualidad de formular de forma extemporánea sus pretensiones punitivas, obviando, en contra del inculpado, los plazos de prescripción legalmente establecidos); y

e) no resultaba una interpretación constitucionalmente admisible en cuanto era una interpretación restrictiva contra reo carente del necesario rigor en relación con el tenor literal de la norma que le sirve de fundamento y con los fines de la prescripción.

En fin, esa interpretación se oponía al fundamento material de dicho instituto, ignoraba la ratio que lo inspiraba y no resultaba, por ello, coherente con el logro de los fines que con él se persiguen.

El Tribunal Constitucional estableció un criterio contrario al mantenido por la doctrina más tradicional de la

Sala Segunda del Tribunal Supremo, que venía manteniendo que manteniendo que **una vez iniciado el procedimiento para el cómputo del término de prescripción por paralización había de acudirse al «título de imputación»**, de manera que, si el procedimiento se seguía por delito, aunque en último término, tras la celebración del juicio oral, la acusación pública transformaba su inicial acusación en falta o el propio tribunal estimaba como correcta la calificación jurídica de los hechos enjuiciados como constitutivos de una falta, no actuaban en el ámbito de su tramitación no actuaban en el ámbito de su tramitación los reducidos plazos de prescripción de las faltas, por razones de seguridad jurídica y por exigirlo así el principio de confianza (vid Sentencias del Tribunal Supremo 592/2006, de 28 de abril, 1444/2003, de 6 de noviembre, 481/1996, de 21 de mayo, 318/1995, de 3 de marzo, y 611/1993, de 30 de julio).

Conforme a la doctrina establecida por el Tribunal Constitucional, el **Acuerdo adoptado en Pleno no jurisdiccional de la Sala Segunda del Tribunal Supremo celebrado el día 26 de octubre de 2010** dispuso que «Para la aplicación del instituto de la prescripción, se tendrá en cuenta el plazo correspondiente al **«delito cometido», entendido éste como el «declarado como tal en la resolución judicial que así lo pronuncie».** En consecuencia, no se tomarán en consideración para determinar dicho plazo aquellas calificaciones jurídicas agravadas que hayan sido rechazadas por el Tribunal sentenciador. Este mismo criterio se aplicará cuando los hechos enjuiciados se degraden de delito a falta, de manera que el plazo de prescripción será el correspondiente a la calificación definitiva de los mismos, como delito o falta. **En los delitos conexos o en el concurso de infracciones,** se tomará en consideración el delito más grave declarado cometido por el Tribunal sentenciador para fijar el plazo de prescripción del conjunto punitivo enjuiciado».

Debe reputarse siempre que la infracción sustantiva que ha de tenerse en consideración es **aquélla que la sentencia firme determine** (Sentencias del Tribunal Supremo 278/2013, de 26 de marzo, 759/2014, de 25 de noviembre, y 649/2018, de 14 de diciembre, entre otras muchas).

Nuestro derecho **no acude a «criterios procesales o adjetivos»** (*vgr.* Procedimientos por faltas, abreviado, ordinario por sumario, etc.) para la determinación del tiempo que se tiene en consideración para el cálculo de la prescripción, **sino a criterios sustantivos referidos a la penalidad asignada al delito** (Sentencias del Tribunal Supremo 376/2014, de 13 de mayo, y 759/2014, de 25 de noviembre).

5.2. Concurrencia de pluralidad de delitos

En el caso de concurrencia de pluralidad de delitos, la determinación del delito que debe tomarse en consideración para fijar el plazo de prescripción exige diferenciar diversos supuestos:

5.2.1. Concurso de infracciones e infracciones conexas

El actual **artículo 131.4 del Código Penal,** conforme a la redacción otorgada por la Ley Orgánica 1/2015, de 30 de marzo (recogiendo lo ya establecido en la reforma operada por la Ley Orgánica 5/2010, de 22 de junio, que incluyó esta previsión en el párrafo 5 del citado precepto) dispone que **en los casos de concurso de infracciones o de infracciones conexas el plazo de prescripción será el que corresponde al delito más grave**. Esta disposición es coincidente con la doctrina jurisprudencial que con anterioridad venía aplicando la Sala Segunda del Tribunal Supremo (Sentencia del Tribunal Supremo 600/2013, de 10 de julio).

Cuando se trata de «**delitos conexos**» hay que considerarlo todo como **una unidad**, al tratarse de un «**proyecto único en varias direcciones**» y, por consiguiente, no puede aplicarse la prescripción por separado, cuando hay conexión natural entre ellos, y **mientras el delito más grave no prescriba** tampoco puede prescribir el delito con el que está conectado (Sentencia del Tribunal Supremo 634/2018, de 12 de diciembre, y 675/2019, de 21 de febrero de 2020). En los casos de «**conexidad natural**» hay que considerarlo todo como una unidad, al tratarse de un proyecto único en varias direcciones y, por consiguiente, no puede aplicarse la prescripción por separado y mientras el delito más grave no prescribe tampoco puede prescribir el delito con el que está conectado (Sentencias del Tribunal Supremo 758/1999, de 12 de mayo, 2040/2003, de 9 de diciembre, 590/2004, de 6 de mayo, 1182/2006, de 12 de mayo, y 964/2008, de 23 de diciembre). La Sala Segunda ya venía declarando que en casos de conexidad el cómputo de la prescripción debía establecerse tomando como referencia el delito más grave, siempre que se tratara de «**conexidad material**», esto es, cuando se tratara de delitos en que uno de los delitos constituya un instrumento para la consumación o la ocultación de otro, situación que puede predicarse del caso aquí enjuiciado en que el robo violento fue el contexto y el motivo por el que se causaron las lesiones de una de las víctimas y la muerte de la otra. En estos supuestos, de aplicar un plazo de prescripción distinto para cada uno de los delitos conexos, se podría llegar al absurdo del enjuiciamiento aislado de una parcela de la realidad delictiva prescindiendo de aquella que se estimase previamente prescrita, a pesar de ser imprescindible para la comprensión, enjuiciamiento y sanción de un comportamiento delictivo unitario. A todo ello cabe añadir que esa disgregación no tiene sustento en ninguno de los fundamentos de la prescripción. La solución normativa que se sugiere en el recurso no puede fundarse en el transcurso del tiempo ya que mientras subsista la acción para la sanción penal del delito principal no tiene sentido dejar sin respuesta punitiva un segmento subordinado de esa misma acción, ya se aborde el análisis desde la perspectiva de la retribución o desde la prevención general o especial. De otro lado, la existencia de dificultades probatorias, que suele ser otro de los argumentos que justifican la prescripción, tampoco puede invocarse como fundamento, dado que el tratamiento probatorio de hechos conexos es conjunto al referirse a una misma acción (Sentencia del Tribunal Supremo 70/2021, de 28 de enero).

La Sentencia del Tribunal Supremo 111/2022, de 10 de febrero, concluye que se pueden **incluir dentro de la «consideración conjunta de los delitos» a efectos de prescripción**:

a) concurso ideal de delitos (artículo 77 del Código Penal).

b) concurso medial o instrumental (artículo 77 del Código Penal y artículo 17.3 de la Ley de Enjuiciamiento Criminal).

c) comisión de un delito para procurar la impunidad de otro u otros (conexión instrumental: artículo 17.4 de la Ley de Enjuiciamiento Criminal).

d) conexión entre los diversos delitos imputados a una persona si se proyectaron y ejecutaron según un plan o diseño conjunto, dentro del mismo espacio temporal (conexión material: artículo 17. 1.°, 2.° y 5.° de la Ley de Enjuiciamiento Criminal).

Fuera de estas situaciones la imputación conjunta de varios delitos a una persona (artículo 17.5 de la Ley de Enjuiciamiento Criminal) no puede impedir que en cada uno de ellos opere la prescripción que es propia del delito de que se trate, considerados individualmente.

5.2.2. Conexidad procesal no necesaria o meramente procesal: artículo 17.5 de la Ley de Enjuiciamiento Criminal

La unidad de proceso no aboca inexorablemente a la unidad de plazo de prescripción de las distintas infracciones conjuntamente enjuiciadas. Hay que distinguir los casos de «conexión o vinculación material» (concursos mediales o ideales), así como los de «conexión procesal necesaria», de aquéllos en que la conexión puede considerarse «de conveniencia, o no necesaria» (Sentencia del Tribunal Supremo 889/2021, de 17 de noviembre). **En caso de «conexidad meramente procesal» no hay obstáculo para apreciar separadamente la prescripción de los delitos que se enjuician en un único proceso** (Sentencia del Tribunal Supremo 630/2002, de 16 de abril). La jurisprudencia de la Sala Segunda operado con la conexidad sustantiva y no meramente procesal para fijar la prescripción conjunta de los delitos que concurrían en concurso, referida a los concursos mediales, la conexidad procesal no ha sido considerada por la jurisprudencia de esta Sala, en general, como suficiente para hablar de una unidad de acción (Sentencia del Tribunal Supremo 463/2018, de 11 de octubre).

5.2.3. Delitos leves «incidentales»: artículo 14.3 de la Ley de Enjuiciamiento Criminal

La doctrina de la Sala Segunda, unánime a partir del acuerdo del Pleno no jurisdiccional de 26 de octubre de 2010, ha considerado que el criterio a seguir para aplicar las reglas de la prescripción de la responsabilidad criminal será el que corresponda a los hechos definitivamente valorados en la sentencia, de forma tal que aun cuando se comience una instrucción por unos hechos que inicialmente pudieran ser constitutivos de delito, si posteriormente son degradados a falta, el plazo de prescripción es el que corresponde a las faltas. Dicho acuerdo presenta dos excepciones: el supuesto de delitos conexos y el concurso de infracciones. Excepciones que las posteriores sentencias (Sentencias del Tribunal Supremo 278/2013, de 26 de marzo, 984/2013, de 17 de diciembre, o 759/2014, de 25 de noviembre) perfilaron, asimilando a las mismas las faltas incidentales *ex* artículo 14.3 de la Ley de Enjuiciamiento Criminal (Sentencia del Tribunal Supremo 634/2018, de 12 de diciembre).

La **Sentencia del Tribunal Supremo 278/2013, de 26 de marzo**, en un supuesto de agresiones recíprocas, unas constitutivas de delito y otras de falta, señala que no tiene encaje en los supuestos de conexidad del artículo 17 de la Ley de Enjuiciamiento Criminal, y más bien habría que hablar de la existencia de una «falta incidental» en el sentido del **artículo 14.3 de la Ley de Enjuiciamiento Criminal**. Tiene toda la lógica que en aquellas ocasiones en que el objeto del proceso esté integrado por uno o varios delitos principales y alguna o algunas faltas incidentales, la prescripción de todas estas infracciones quede sometida a un criterio unitario. Lo contrario puede implicar una fragmentación puramente aleatoria del tiempo hábil para el ejercicio del ius puniendi. Carecería de sentido imponer el enjuiciamiento conjunto de delitos y faltas, con el fin de no romper la continencia de la causa y, sin embargo, someter a las infracciones menos graves a un plazo de prescripción que, si hubieran sido objeto de investigación por separado, es más que probable que no hubiera llegado a agotarse. **De ahí que el régimen de excepción que el acuerdo de 26 de octubre de 2010 fija para los delitos conexos o en régimen de concurso, deba ser también aplicado a las «faltas incidentales».** Esta idea aparece proclamada por pronunciamientos previos de la Sala Segunda, como la Sentencia del Tribunal Supremo 592/2006, de 28 de abril, que entendió que en el caso de «infracciones especialmente vinculadas», como sucede cuando la tramitación de la falta en el ámbito de un procedimiento por delito viene condicionada por la «imperatividad del enjuiciamiento conjunto», no cabe apreciar la prescripción autónoma de alguna de las infracciones enjuiciadas aplicando plazos de prescripción diferenciados por paralización del procedimiento (Sentencias del Tribunal Supremo 1247/2002, de 3 de julio, 242/2000, de 14 de febrero, 1493/1999, de 21 de diciembre, y 1798/2002, de 31 de octubre), y además, con similar criterio, el Auto del Tribunal Supremo 2451/2010, de 22 de diciembre, precisó que en el «enjuiciamiento conjunto o simultáneo de hechos, que son calificados unos de delito y otros de falta», no puede realizarse una valoración del plazo de prescripción de la infracción constitutiva de falta con independencia del objeto del proceso integrado por una pluralidad de acciones, con distinta calificación, de modo que, la paralización en el proceso por delito, en el que también se conoce una «falta incidental», «cometida en el mismo contexto o episodio criminal en que se cometieron los delitos y dada su conexidad» es imprescindible en evitación de la «ruptura de la cognitio judicial», que quede sometida respecto a los términos de prescripción a la del delito más grave de los que se conozcan en la causa. Esta tesis ha sido defendida, además, en los Autos del Tribunal Supremo 2472/2010, de 2 de diciembre, y 245/2012, de 2 de febrero.

La **Sentencia del Tribunal Supremo 759/2014, de 25 de noviembre**, ante la alegación del recurrente de que el supuesto sometido a decisión era al de la Sentencia del Tribunal Supremo 278/2013, de 26 de marzo, pues no se trataba de agresiones recíprocamente causadas entre dos contendientes, uno de los cuales es condenado como autor de un delito de lesiones y el otro como autor de una falta, sino que había que analizar si el delito que se imputa a uno de los acusados, delito de lesiones cometido en la persona de una víctima, venía a ser un delito principal que arrastraba la falta de lesiones cometida por el propio acusados y otros dos acusados más respecto a otra víctima distinta, en situación de ignorado paradero. Los recurrentes consideraban que las faltas de lesiones y vejaciones habían prescrito al no verse alterado su plazo de prescripción por el delito de enjuiciamiento conjunto con el delito, al tratarse de una acumulación de mero carácter «procesal», no sustantivo, y el carácter personal de la prescripción desvincula su aplicación para el caso de quien fue acusado como autor del delito de aquellos que lo fueron tan solo por unas faltas, porque no se da el presupuesto para la comunicación de los plazos prescriptivos, que debe quedar reservada para conductas previamente concertadas, que unas sirvan como medio para perpetrar otros delitos o facilitar su ejecución, concurso mediales o ideales. La Sala Segunda afirma que es cierto que se viene manteniendo por algún sector doctrina que en el supuesto de que la conexión entre las infracciones es meramente «procesal» y su enjuiciamiento se dirige contra personas diferentes, la regla en estos casos no permite, desde los presupuestos de interpretación axiológica y sistemática reclamados por el Tribunal Constitucional, la comunicación subjetiva de plazos prescriptivos, toda vez que, de acuerdo con el artículo 132.2 del Código Penal, la exigencia de determinación ad personam responde a un discurso axiológico que prima el alcance individual de la responsabilidad desterrando en la materia prescriptiva una suerte de principio de solidaridad de raigambre civilística. En definitiva, que la unidad de proceso no debe comportar, en estos casos, la unidad de plazos prescriptivos a partir del previsto para la infracción más grave. No obstante esta razonable argumentación, siguiendo lo declarado en Sentencia del Tribunal Supremo 984/2013, de 17 de diciembre, debe manifestarse: que las llamadas faltas incidentales pueden y deben ser juzgadas en el mismo procedimiento que se siga por delitos aun cuando los sujetos pasivos sean diferentes y no exista relación concursal; y que en ningún momento ha sido objeto de discusión la procedencia retramitar, en unas mismas actuaciones, el enjuiciamiento de las faltas de lesiones y vejaciones imputadas a los tres recurrentes, cuya prescripción se cuestiona y el delito de lesiones atribuido a uno solo de ellos y con sujeto pasivo diferente. Por lo que, en todo caso, nos hallaríamos ante un supuesto de «conexidad procesal».

Es de todo punto lógico que ante un conflicto de infracciones conexas o incidentales se siga un criterio unitario, pues entender lo contrario podría dar lugar a una fragmentación puramente aleatoria del tiempo hábil para el ejercicio del ius puniendi de cada una de las infracciones aisladamente consideradas, pues si por un lado el enjuiciamiento conjunto de los delitos y faltas conexos se impone imperativamente con el fin de no romper la continencia de la causa, la atribución de un plazo prescriptivo propio para las infracciones menores o leves, determinaría la prescripción, que quizás no se hubiera producido considerándolas separadamente, ya que la poca complejidad de las mismas permitiría tramitar en poco tiempo y sin paralizaciones la causa referida a ellas exclusivamente (Sentencia del Tribunal Supremo 165/2015, de 10 de marzo).

En fin, la inclusión de los supuestos de faltas «incidentales» (actualmente, delitos leves «incidentales») como un supuesto de conexión meramente procesal que determinaría un plazo de prescripción autónomo ha sido negada por la Sala Segunda del Tribunal Supremo.

Con anterioridad a que se produjera el Acuerdo adoptado en Sala general, por el Pleno de la Sala Segunda del Tribunal Supremo en reunión de 26 de octubre de 2010, se había desarrollado una doctrina que diferenciaba en cuanto al cómputo del plazo de prescripción de las faltas que eran perseguidas en un procedimiento por delito según se tratara de la prescripción operadas desde la comisión del delito hasta que se dirigiera el procedimiento contra el culpable o se tratara de la prescripción producida una vez iniciado el procedimiento penal. La **Sentencia del Tribunal Supremo 311/2007, de 20 de abril**, afirma la existencia de una doctrina reiterada de la Sala Segunda, por todas, Sentencias del Tribunal Supremo 1444/2003, de 6 de noviembre, conforme a la cual, como señaló la Sentencia del Tribunal Supremo 1181/1997, de 3 de octubre, para el cómputo del plazo de prescripción de las faltas cuando su persecución se realiza en un procedimiento por delito, debemos distinguir **dos supuestos diferenciados. El primero se refiere al plazo de prescripción desde la fecha de comisión de la infracción hasta que se dirija el procedimiento contra el culpable**. En estos casos las faltas prescriben a los seis meses, sin que a ello sea óbice la presentación posterior de una querella por supuesto delito (Sentencias del Tribunal Supremo 1181/1997, de 3 de octubre), o la deducción posterior de un testimonio (Sentencias del Tribunal Supremo 879/2002, de 17 de mayo), pues si la falta prescribió por el transcurso de seis meses desde su comisión sin que se hubiese iniciado procedimiento alguno contra sus autores, la formulación ulterior de una querella o la deducción de un testimonio calificándola como delito no puede revivir una responsabilidad penal que ya se ha extinguido por imperativo legal. En consecuencia si la sentencia definitiva declara el hecho falta, habrá de considerarlo prescrito por estarlo ya cuando el procedimiento se inició. **Un segundo supuesto diferenciado se produce cuando la iniciación del procedimiento penal ha interrumpido legalmente el término de prescripción**. En este caso existe otra posibilidad diferente de apreciación de la prescripción, por paralización del procedimiento. Ahora bien, una doctrina consolidada de la Sala Segunda (Sentencias del Tribunal Supremo de 25 de enero y 20 de abril 1990, 27 de enero y 20 de noviembre 1991, 5 de junio de 1992, 318/1995, de

3 marzo, o 481/1996, de 21 de mayo, entre otras) estima que, una vez iniciado el procedimiento, para el cómputo del término de prescripción por paralización del mismo habrá de estarse al título de imputación, de manera que si el procedimiento se sigue por delito no actúan en el ámbito de su tramitación los reducidos plazos de prescripción de las faltas —por razones de seguridad jurídica y por exigirlo así el principio de confianza— aun cuando finalmente la sentencia definitiva sancione el hecho como falta. Por otra parte, ha dicho con reiteración la Sala Segunda que cuando de infracciones especialmente vinculadas se trata, como sucede en el supuesto en que la tramitación de la falta se desarrolla en el ámbito de un procedimiento por delito ante la imperatividad del enjuiciamiento conjunto, no cabe apreciar la prescripción autónoma de alguna de las infracciones enjuiciadas aplicando plazos de prescripción diferenciados por paralización del procedimiento (Sentencias del Tribunal Supremo de 29 de julio de 1998, 12 de mayo y 21 de diciembre de 1999, 14 de febrero 2000, 3 de julio de 2002 y 1798/2002, de 31 de octubre). En estos supuestos, se ha declarado que en el enjuiciamiento conjunto o simultáneo de hechos, que son calificados unos de delito y otros de falta, no puede realizarse una valoración del plazo de prescripción de la infracción constitutiva de falta con independencia del objeto del proceso integrado por una pluralidad de acciones, con distinta calificación (Sentencias del Tribunal Supremo de 3 de diciembre de 1993 y 17 de febrero de 1997).

6

PENA QUE DEBE TOMARSE EN CONSIDERACIÓN: PENA EN ABSTRACTO Y PENA MÁXIMA. SUBTIPOS AGRAVADOS Y CONTINUIDAD DELICTIVA. PENA ACCESORIA

La Sentencia del Tribunal Supremo 888/2016, de 24 de noviembre, sostiene que el Acuerdo General de Pleno no jurisdiccional de la Sala Segunda de 29 de abril de 1997, sustentó que los plazos señalados para la prescripción de los delitos, en función de las penas que pudieran corresponderles, venían determinados por las penas señaladas en abstracto, teniendo en cuenta las posibilidades punitivas derivadas del caso concreto. Con posterioridad, el **Acuerdo de Pleno no jurisdiccional de 18 de diciembre de 2008** recogió que «Para la determinación del plazo de prescripción del delito habrá de atenderse a la pena en abstracto señalada al delito correspondiente por el legislador, teniendo plena vigencia el Acuerdo de fecha 29 de abril de 1997», **lo que se ha reflejado en nuestra jurisprudencia indicando que no debe tenerse en cuenta el «grado» en que el delito fue cometido (consumación o tentativa), ni la «participación concreta» del acusado (autoría o complicidad necesaria o no necesaria), ni —menos aún— la concurrencia de circunstancias genéricas atenuantes o agravantes** (Sentencia del Tribunal Supremo 7/2010, de 22 de enero). En idéntico sentido, el Auto del Tribunal Supremo 784/2022, de 21 de julio, que afirma a efectos de la prescripción del delito, debe tenerse en cuenta la pena en abstracto, **con independencia de los «grados de ejecución o de participación»**. Así se expresó en el Acuerdo de la Sala Segunda de 16 de diciembre de 2008: «Para la determinación del plazo de prescripción del delito habrá de atenderse a la pena en abstracto señalada al delito correspondiente por el legislador, teniendo plena vigencia el Acuerdo de fecha 29 de abril de 1997». A este Acuerdo se refiere también el Auto del Tribunal Supremo 1001/2021, de 7 de octubre.

El Auto del Tribunal Supremo 1814/2014, de 30 de octubre, precisa que la **«pena en abstracto» debe estimarse en toda su extensión** y por lo **tanto en su concepción de «pena máxima» que pueda ser impuesta**, es decir, **pena en abstracto máxima posible legalmente**, teniendo en cuenta las **exasperaciones punitivas que pudieran operar, por la aplicación de algún «subtipo agravado» o por la «continuidad delictiva»**, esto es, el plazo de prescripción viene determinado por la pena máxima señalada al delito «en abstracto» y no por la pena «en concreto» que finalmente imponga el Tribunal sentenciador resultante de las circunstancias modificativas de responsabilidad criminal, por indudables razones de legalidad y seguridad. La **Sentencia del Tribunal Supremo 64/2014, de 11 de febrero**, refiere que la pena a considerar a los efectos de la prescripción es la «máxima en abstracto posible legalmente», teniendo en cuenta las «exasperaciones punitivas» que pudieran operar por la aplicación de algún «subtipo agravado» o por la «continuidad delictiva» (Sentencias del Tribunal Supremo 222/2002, de 15 de mayo, 610/2006, de 29 de mayo, y 509/2007, de 13 de junio), pues la previsión legal para el delito continuado ofrece suficiente seguridad jurídica (Sentencia del Tribunal Supremo 7/1997, de 16 de enero). La **Sentencia del Tribunal Supremo 610/2006, de 29 de mayo**, ya entendió que debe interpretarse el término «pena máxima» señalada al delito, que se contiene en el artículo 131 del actual Código Penal, es decir, pena en abstracto máxima posible legalmente, teniendo en cuenta las exasperaciones punitivas que pudieran operar por la aplicación de algún «subtipo agravado» o por la «continuidad delictiva». La doctrina anteriormente expresada se ha aplicado en resoluciones más recientes como las Sentencias del Tribunal Supremo 944/2023, de 20 de diciembre, y 505/2022, de 25 de mayo.

En cuanto a los «subtipos agravados», no debe olvidarse que junto al tipo básico o genérico, existen otros que la doctrina y sentencias de esta Sala llaman tipos específicos, complementarios o accidentales, y que no por ello dejan de ser delictivos a los efectos de realizar el cómputo prescriptivo, sin que deban confundirse con la determinación penológica que resulta del juego de las reglas de aplicación de la pena por la naturaleza y número de las circunstancias concurrentes (Sentencia del Tribunal Supremo de 17 de abril de 2013). Ha de tenerse en cuenta la pena en abstracto con independencia de las posibilidades de «individualización» que ofrezcan las características del caso concreto enjuiciado (Auto del Tribunal Supremo 1814/2014, de 30 de octubre).

En el caso de **delito continuado** la facultad que concede el artículo 74.1 del Código Penal de elevar la pena no deja de ser ley cierta y ley escrita en cuanto que se haya previamente establecido como posible en la propia norma preexistente, por lo que ha de ser la continuidad delictiva y hacer uso de dicha exasperación permisiva para determinar el plazo de prescripción del delito (Sentencias del Tribunal Supremo 1104/2002, de 10 de junio, 1173/2005, de 27 de septiembre, 575/2009, de 9 de junio, y 1177/2010, de 16 de diciembre). En el mismo sentido de **tener en cuenta esa exasperación punitiva del artículo 74.1 del Código Penal**, las más recientes Sentencias del Tribunal Supremo 712/2021, de 22 de septiembre, y 11/2022, de 10 de febrero. Por tanto, **la pena a tener en cuenta en abstracto en los delitos continuados debe estimarse en toda su extensión, esto es, la señalada para la infracción más grave que puede ser aumentada hasta la mitad inferior de la pena superior en grado** (artículo 74.1 del Código Penal) (Sentencia del Tribunal Supremo 649/2018, de 14 de diciembre).

En el **Acuerdo de Pleno** no jurisdiccional de 26 de octubre de 2010, se añadió como criterio interpretativo que en los supuestos de concurrencia de un tipo básico y otro agravado, se tendrá en cuenta la calificación de los hechos efectivamente declarada en la sentencia, siguiendo el mismo criterio respecto a las antiguas faltas, por lo que el plazo prescriptivo se refiere a la calificación definitiva realizada en la sentencia (Sentencia del Tribunal Supremo 104/2016, de 18 de febrero).

La Sentencia del Tribunal Supremo 743/2024, de 16 de julio, entiende que el concepto de «**pena accesoria**» es un concepto normativo. Hay penas que vulgarmente podemos considerar «complementarias» o «secundarias» (muchas veces, las multas conjuntas), pero que no adquieren por ello la condición legal de «penas accesorias» (artículos 54 y siguientes del Código Penal). Son penas principales conjuntas. Por tanto, **han de ser tomadas en consideración a todos los efectos (plazo de prescripción del delito**, o competencia, significadamente). Otra cosa es que pueda criticarse desde el punto de vista político-criminal y también dogmático la proliferación de estas penas complementarias en las últimas reformas legislativas, a veces con consecuencias que distan mucho de ser desdeñables, y con repercusiones (competencia, prescripción, cancelación de antecedentes) que probablemente no ha ponderado el legislador. Así lo destaca, con un examen de su evolución en nuestro ordenamiento penal, la más completa y acreditada monografía sobre la materia en la doctrina nacional.

Con más detalle aborda la cuestión la Sentencia del Tribunal Supremo 643/2018, de 13 de diciembre. En primer lugar, se remite a la Sentencia del Tribunal Supremo 1937/2001, de 26 de octubre, que alude al criterio jurisprudencial reiterado en diversas resoluciones, como las Sentencias del Tribunal Supremo de 15 de marzo de 1996, 16 de enero y 31 de marzo de 1997, 1493/1999, de 21 de diciembre, y 690/2000, de 14 de abril, pues como señala la tercera de ellas «a estos efectos de extinción de la responsabilidad penal por el transcurso del tiempo o prescripción, la pena base a tener en cuenta, no es, ni la que corresponde imponer en cada caso concreto, ni la que ha sido objeto de acusación, sino la que establezca la propia Ley como máxima posibilidad, pues ello, amén de que literalmente así lo dice el precepto («señalada por la Ley»), es de lógica interpretación, ya que lo contrario iría en contra de un principio tan importante como es el de la seguridad jurídica». Este criterio se ha ratificado expresamente por el artículo 135 del Código Penal de 1995. En segundo lugar, se remite a la Sentencia Tribunal Supremo 271/2010, de 30 de marzo, que parte de que en los casos de continuidad delictiva la Sala Segunda ha entendido acertado tomar el plazo de prescripción a partir de la pena exasperada o agravada, pues la previsión legal para el delito continuado ofrece suficiente seguridad jurídica, Sentencias del Tribunal Supremo 600/2007, de 11 de septiembre, y 1173/2005, de 27 de septiembre, que recuerda como la Sala Segunda ha resuelto en diversas de ocasiones, como en las Sentencias del Tribunal Supremo 2074/2001, de 22 de abril, 222/2002, de 15 de mayo, y las que en esta última se citan. Siempre con el argumento de que la posible exasperación de la pena en los términos que permite la previsión legal del artículo 69 bis del Código Penal de 1973 (o el artículo 74.1 del Código Penal de 1995) satisface las exigencias de seguridad jurídica a que debe responder el instituto de prescripción. Y esto puesto que se trata de una facultad legalmente reconocida y circunscrita en sus límites temporales. En el mismo sentido, las Sentencias del Tribunal Supremo 1823/2001, de 25 de mayo, 1937/2001, de 26 de octubre, 1590/2003, de 22 de abril (caso Intelhorce), y 862/2002, de 29 de julio (caso Banesto), que cita el Acuerdo General de Sala de 29 de Abril de 1997, según el cual había de estarse a la pena en abstracto imponible al delito, a los efectos de determinar el plazo de prescripción, concluyendo con la declaración de no estar prescrito el delito de apropiación indebida ya que al tratarse de delito cometido en la modalidad de continuidad delictiva, habría de tenerse en cuenta la pena imponible en abstracto y por lo tanto teniendo en cuenta la potestativa exasperación punitiva dada la continuidad delictiva.

7

MOMENTOS O MODALIDADES DE CÓMPUTO DEL PLAZO DE PRESCRIPCIÓN

Como señala expresamente el artículo 132.2 del Código Penal, la prescripción penal no solo opera cuando transcurre el tiempo previsto para la prescripción antes de haberse iniciado el procedimiento, sino también cuando el proceso se ha paralizado durante dicho tiempo (Sentencia del Tribunal Supremo 193/2002, de 20 de noviembre, entre otras muchas). La prescripción opera tanto cuando el procedimiento no se haya dirigido contra el culpable o presunto responsable en los seis meses siguientes a la comisión de los hechos, es decir, antes de la iniciación del proceso, como en un proceso en curso cuando el procedimiento se haya paralizado durante los plazos previstos por el legislador para la prescripción (artículo 132 del Código Penal) (Sentencia del Tribunal Supremo 376/2014, de 13 de mayo).

Un primer plazo de prescripción **se inicia desde la fecha de comisión de la infracción hasta que se dirija el procedimiento contra el culpable**. Un segundo supuesto de cómputo de plazo prescripción, diferenciado del anterior, se produce, **una vez se ha incoado dentro de plazo el procedimiento penal, por su paralización** durante los plazos de prescripción previstos en el artículo 131 del Código Penal. En el primer supuesto se habla de «prescripción extraprocesal» y en el segundo caso de «prescripción intraprocesal».

8

PRIMER MOMENTO EN QUE PUEDE PRODUCIRSE LA PRESCRIPCIÓN DEL DELITO: PRESCRIPCIÓN DEL DELITO CON ANTERIORIDAD A LA INCOACIÓN DEL PROCEDIMIENTO PENAL

8.1. *«Dies a quo»* del cómputo de la prescripción

8.1.1. Regla general

El artículo 132.1.1 del Código Penal dispone que «Los términos previstos en el artículo precedente se computarán desde el día en que se haya cometido la infracción punible. En los casos de delito continuado, delito permanente, así como en las infracciones que exijan habitualidad, tales términos se computarán, respectivamente, desde el día en que se realizó la última infracción, desde que se eliminó la situación ilícita o desde que cesó la conducta».

El momento inicial de cómputo de la prescripción, como indica nuestro legislador, no es el de la «terminación del hecho», sino el de la «comisión del delito», esto es, desde la «consumación» de la infracción penal o, lo que es lo mismo, a partir de su perfeccionamiento por la producción del resultado típico (por todas, las Sentencias del Tribunal Supremo 1125/1999, de 9 de julio, o 17/2005, de 3 de febrero). Esperar al momento del «agotamiento» del delito para iniciar el cómputo de la prescripción supondría colocarse en un margen de extinción de la responsabilidad criminal por el transcurso del tiempo que nuestro Código Penal no contempla. Ni puede sostenerse que el robo de una joya o de un cuadro para su disfrute personal resulte imprescriptible, ni el robo del siglo demora el cómputo de la prescripción al momento en que sus partícipes terminen de dilapidar su fortuna. Tampoco un delito contra la ordenación del territorio pospone el cómputo de la prescripción al momento al que se le derrumbe la construcción indebidamente realizada a su propietario y promotor, como no lo hace nunca la decisión prevaricadora que se oriente a otorgarle indebidamente una licencia para construir en terreno no edificable. Es la producción del resultado típico la que determina el momento inicial de cómputo de la prescripción, y en nuestro ordenamiento jurídico su interrupción se produce «cuando el procedimiento se dirija contra la persona indiciariamente responsable del delito», y no cuando, con posterioridad a la terminación del hecho, se produzca un posterior resultado que pertenezca al tipo penal. El Código Penal de 1995 reafirma la posición que mantenía la legislación penal anterior, sin introducir ningún desplazamiento del momento inicial del cómputo de la prescripción. Si con anterioridad fijaba como dies a quo el «momento de la comisión del delito», ahora fija el «momento de la comisión de la infracción punible», reflejando así, con una expresión más precisa, que el momento inicial es el mismo para los delitos que para las entonces llamadas faltas (hoy ya delitos leves). Y si para las infracciones penales imprudentes debe esperarse al momento de la producción del resultado, no es por ninguna consideración al agotamiento de la infracción (que no resulta predicable en este tipo de supuestos), sino porque el resultado es el último de los requisitos necesarios para la punición de la imprudencia y sin este elemento no llegaría siquiera a existir el delito (Auto del Tribunal Supremo de 16 de abril de 2021, Causa Especial 20490/2015).

La prescripción penal se inicia con la fecha de comisión del delito. La «consumación», por ello, se produce **cuando habida cuenta la estructura típica de cada figura delictiva se ha de estimar realizados los actos ejecutivos del tipo o elementos objetivos y subjetivos integrados en el mismo** (Sentencia del Tribunal Supremo 528/2020, de 21 de octubre).

De forma muy descriptiva, la Sentencia del Tribunal Supremo 712/2021, de 22 de septiembre, concluye que, según la jurisprudencia, la prescripción comienza cuando el delito termina, o sea, cuando se produce el resultado típico.

En los supuestos de delitos que se perfeccionan «*ex intervalo temporis*» (es decir, aquellos delitos en los que en un momento se ejecuta o se omite el acto que el agente estaba obligado a realizar y en otro momento se produce el resultado) ante la tesitura de fijar el inicio de la prescripción del delito en el momento en que la acción se ejecuta o se omite el acto que el agente estaba obligado a realizar, o bien en el momento en que se perfecciona el delito a través de la producción del resultado, debe ratificarse la doctrina de la Sala Segunda que, como regla general, se inclina por el criterio del resultado (Sentencias del Tribunal Supremo de 26 de octubre de 1971, 27 de diciembre de 1974, 21 de abril de 1989 y 26 de octubre de 1993), pues en los «delitos de resultado» éste constituye un elemento del tipo, sin el cual la infracción penal no se perfecciona. La prescripción comienza cuando el delito termina, y en consecuencia el cómputo del plazo no puede iniciarse antes de que el delito se haya perfeccionado, por la producción del resultado típico (Sentencia del Tribunal Supremo de 9 de julio de 1999) (Sentencia del Tribunal Supremo de Sentencia del Tribunal Supremo 619/2021, de 9 de julio).

En el caso que no llegar a perfeccionarse el delito, el dies a quo para el cómputo de la prescripción, será el «último acto ejecutivo» (ex Sentencia del Tribunal Supremo 619/2021, de 9 de julio).

> En el Código Penal de 1870 la prescripción no se iniciaba, en el delito oculto o no conocido, hasta que desapareciera la ignorancia de su existencia, descubriéndose, siendo entre tanto imprescriptible, pero como consecuencia de fundadas críticas de la doctrina científica, desde el Código Penal de 1932 se varió el sistema, patrocinando a ultranza la seguridad jurídica y señalando como tal momento inicial el del «día en que se hubiere cometido el delito», o sea, el de producción del resultado lesivo al margen de su conocimiento general o particular por el perjudicado o poseedor de la pretensión penal, y ya se trate de delitos públicos o privados, por no distinguir la norma (Sentencia del Tribunal Supremo de 22 de septiembre de 1972).

8.1.2. Supuestos particulares

8.1.2.1. Delito continuado, delito permanente e infracciones que exijan habitualidad

El artículo 132.1.1 in fine del Código Penal dispone que:

a) en el **delito continuado** los términos de la prescripción se computarán desde el día en que se realizó la última infracción;

b) en el **delito permanente** los términos de la prescripción se computarán desde que se eliminó la situación ilícita; y

c) en las **infracciones que exijan habitualidad** los términos de la prescripción se computarán desde que cesó la conducta.

Las categorías de **delitos caracterizados por venir integrados por «acciones que se prolongan en el tiempo»**, como es el caso del «delito continuado», o de los «delitos de tracto continuado» (por ejemplo, el delito de tenencia ilícita de armas o explosivos), o delitos permanentes (por ejemplo, el delito de detención ilegal), o delitos de hábito (por ejemplo, el delito de maltrato habitual), o «delitos en varios actos» (por ejemplo, el delito de impago de pensiones) determinan un tratamiento específico en diversos ámbitos. **En primer lugar**, en cuanto a la determinación de cuándo se debe entender cometido un delito diferente, merecedor de un reproche penal distinto y autónomo, no susceptible de ser embebido en los hechos anteriores por los que ya se sigue causa penal, lo que exigiría que se produzca una «ruptura jurídica» en la actividad (*ex* Sentencia del Tribunal Supremo 141/2018, de 22 de marzo). **En segundo lugar**, estas categorías de delitos también plantean la cuestión de cómo les afecta la sucesión de normas penales en el tiempo, en concreto, en aquellos casos en que durante ese periodo de infracción sostenida del ordenamiento penal y antes del cese de los efectos antijurídicos de la infracción entra en vigor una norma penal más rigurosa. La Sala Segunda ha entendido que no puede efectuarse separación o división temporal en relación a la actividad delictiva y por lo tanto, el espacio temporal que abarca la totalidad de la acción puede desarrollarse en el ámbito de vigencia de diferentes y cronológicamente sucesivas legislaciones, por lo que si parte de los hechos acaeció cuando ya estaba vigente la norma penal posterior, atrae hacia si las consecuencias punitivas derivadas de la aplicación de sus previsiones, sin que sea posible descomponer la figura delictiva en tramos diferenciados a los que serían aplicables las distintas regulaciones vigentes durante todo el espacio temporal que duró la situación de permanencia delictiva. En fin, la posterior norma penal más rigurosa será aplicable a esa porfiada conducta, sin que ello suponga retroactividad alguna «ad malam partem» (Sentencia del Tribunal Supremo de 21 de diciembre de 1990, y en similar sentido, Sentencias del Tribunal Supremo 532/2003, de 19 de mayo, 918/2004, de 16 de julio, y de 31 de mayo de 2006) (*ex* Sentencia del Tribunal Supremo 765/2011, de 19 de julio). **En tercer lugar**, y en lo que aquí interesa, estas categorías tienen un tratamiento específico en materia de fijación del dies a quo de comisión del ilícito. Cuando se trata de un delito permanente, es decir, de un delito que se comete a lo largo de un periodo más o menos dilatado en el tiempo, lo mismo que en el caso de delito continuado, el plazo de prescripción sólo puede iniciarse cuando cesa la correspondiente conducta delictiva, según reiterada jurisprudencia de la Sala Segunda (Sentencias del Tribunal Supremo de 6 de noviembre de 1980, 11 de diciembre de 1987 y 5 de mayo de 1989, entre otras muchas) que ya ha cristalizado en el artículo 132.1 del Código Penal (Sentencia del Tribunal Supremo 1035/1996, de 19 de diciembre).

En el **delito continuado**, como en todos los delitos con tracto sucesivo, la prescripción se **inicia a partir del día en que se cometió la última infracción**, con lo que el **artículo 132.1 del Código Penal acoge un criterio jurisprudencial consolidado** a lo largo de múltiples sentencias (Sentencias del Tribunal Supremo 1620/1997, de 30 de diciembre, 2520/1998, de 9 de diciembre, 797/1999, de 20 de mayo, 1590/2003, de 22 de abril de 2004, 217/2004, de 18 de febrero, 743/2005, de 15 de junio, 309/2006, de 16 de marzo, 1025/2007, de 21 de noviembre, 570/2008, de 30 de septiembre, y 137/2016, de 24 de febrero). Esta doctrina jurisprudencial considera que en la hipótesis de continuidad delictiva el conjunto del plazo de prescripción no empieza hasta la realización del último acto integrante de esa cadena de actuaciones obedientes al mismo y único plan concebido por el sujeto agente. **El punto de partida o «dies a quo» para el cómputo del tiempo de prescripción aun tratándose de delito continuado empieza cuando se termina la actuación dolosa enjuiciada. Ello** es así porque la actuación delictiva realizada por el sujeto activo se enmarca en una pluralidad de acciones que se analiza como una unidad derivada de un único proyecto que se materializa en diferentes acciones, por lo que el marco del conjunto prescriptivo se realiza desde la finalización de la última de las acciones en cuyo plan se integraba (Sentencia del Tribunal Supremo 407/2020, de 20 de julio).

El «delito permanente» no aparece definido en el Código Penal, a diferencia de otras figuras como el «delito continuado» o el «concurso de delitos», pero en nuestro derecho penal se entiende por «delito permanente» una forma delictiva caracterizada porque la conducta del agente, no obstante haberse consumado en un momento determinado, crea un estado delictivo que se dilata y extiende en el tiempo, de tal manera que el delito sigue cometiéndose en cuanto no se ponga término al estado delictivo así creado, teniendo la posibilidad de hacerlo. En este sentido el delito de exacciones ilegales, cuando genera como resultado el pago de dichas exacciones, no es un delito instantáneo porque la ofensa al bien jurídico no cesa inmediatamente después de consumada la conducta típica, sino permanente, en la medida en que la exigencia de pago de cantidades indebidas perdura en el tiempo mientras éstas se siguen pagando, es decir que la ofensa al bien jurídico protegido se mantiene en tanto en cuanto el propio agente no decida voluntariamente hacerla cesar, de modo que todos los momentos de su duración se imputan como consumación de la acción delictiva (Sentencia del Tribunal Supremo 255/2016, de 31 de marzo).

Los «delitos de hábito» se caracterizan por la circunstancia de que el presupuesto fáctico del tipo penal se encuentra integrado por la repetición de actos de idéntico contenido, lo que determina que esa permanencia acabe generando un delito autónomo debido precisamente a esa habitualidad. Se trata de una realización típica de un único delito que aparece integrado por diferentes actos, todos ellos insertables en la misma figura penal (*ex* Sentencia del Tribunal Supremo 50/2015, de 28 de enero).

8.1.2.2. Tipos penales en los que el legislador hace uso de «conceptos globales»

En determinados supuestos el legislador utiliza en la construcción de los correspondientes tipos penales el legislador «**conceptos globales**», es decir, expresiones que abarcan tanto una sola acción prohibida como varias del mismo tenor, de modo que, con una sola de ellas ya queda perfeccionado el delito y su repetición no implica otro delito a añadir. En definitiva, actividades plurales que obligan forzosamente a considerar integrados en esta figura criminal, como delito único, la pluralidad de conductas homogéneas que, de otro modo, habrían de constituir un delito continuado (Sentencia del Tribunal Supremo 974/2012, de 5 de diciembre). Esto es lo que un sector doctrinal denomina «tipos que incluyen conceptos globales», es decir, hechos plurales incluidos en una única figura delictiva, lo que obliga a considerar que una variedad de acciones punibles de contenido semejante constituye, no un concurso real de delitos ni un delito continuado, sino una sola infracción penal (Sentencias del Tribunal Supremo 519/2002, de 22 de marzo, 986/2004, de 13 de septiembre, y 413/2008, de 20 de junio). Se trata, por ejemplo, del caso del delito de alzamiento de bienes del artículo 257 del Código Penal, que según diversas resoluciones de la Sala Segunda no recoge en el texto legal el requisito de que el alzamiento se realice en un solo acto dispositivo, de tal modo que cada conducta aislada de disposición de uno de sus bienes realizada por el agente con ánimo de defraudar las expectativas de cobro por sus acreedores constituya un nuevo delito de alzamiento, pues, al contrario, el empleo de la palabra «bienes» en plural permite comprender que se trate de disponer de varios bienes diferentes mediante actos realizados en distintas ocasiones o momentos, e incluso será frecuente que así sea, pero todos ellos determinados y agrupados con la misma finalidad defraudatoria para personas en las que concurra la circunstancia de que sean acreedoras del que con sus bienes se alce. De esta forma, todos los actos con finalidad de alzamiento realizados por una persona en perjuicio de los acreedores constituyen un solo y único delito de alzamiento de bienes, porque la estructura de tal delito se refiere a una actuación plural/global que absorbe los hechos aislados realizados todos con una común finalidad defraudatoria, lo que excluye también la posibilidad de aplicar la figura del delito continuado (Sentencias del Tribunal Supremo 2534/1992, de 24 de noviembre, 440/2002, de 13 de marzo, 767/2011, de 12 de julio, y 859/2016, de 15 de noviembre) (Sentencia del Tribunal Supremo 465/2017, de 16 de febrero). Siendo así y teniendo en cuenta que nos enfrentamos a un comportamiento ilícito complejo y unitario conforme lo permite la concreta estructura típica, no cabe apreciar la prescripción aislada de ciertos hechos, en sí mismos considerados y con independencia del momento en que la consumación de esa conducta se materializa en su totalidad. El plazo prescriptivo comienza entonces sin que pueda separarse o diseccionarse el conjunto de hechos cometidos en unidad de acción como si de delitos autónomos se tratara (Sentencia del Tribunal Supremo 635/2021, de 14 de julio).

8.1.2.3. Concurso medial

La prescripción en los supuestos de «concurso medial» de delitos fue abordada por la Sentencia del Tribunal Supremo 951/2023, de 21 de diciembre, en la que ante la condena por un delito contra la Hacienda Pública en concurso ideal con un delito continuado de falsedad documental, las defensas de los acusados plantearon que el delito continuado de falsedad documental estaba castigado con pena más grave que el delito fiscal, y por ello, sería el delito principal, de modo que, el inicio del cómputo de la prescripción debería realizarse en consideración a aquél, coincidiendo con la expedición de la última factura. La Sala Segunda afirmó que la doctrina jurisprudencial no avala esta tesis ya que establece que en los supuestos de enjuiciamiento de un comportamiento delictivo complejo que constituye una unidad delictiva íntimamente cohesionada de modo material, por lo que plantear el problema de la prescripción separada puede conducir al resultado absurdo del enjuiciamiento aislado de una parcela de la realidad delictiva prescindiendo de aquélla que se estimase previamente prescrita y que resulta imprescindible para la comprensión, enjuiciamiento y sanción de un comportamiento delictivo unitario. Constituye doctrina reiterada y consolidada que en estos supuestos la unidad delictiva prescribe de modo conjunto de modo que no cabe apreciar la prescripción aislada del delito instrumental mientras no prescriba el delito más grave o principal. Y ello porque no concurren los fundamentos en que se apoya la prescripción pues ni el transcurso del tiempo puede excluir la necesidad de aplicación de la pena para un único segmento subordinado de la conducta cuando subsiste para la acción delictiva principal, tanto si se contempla desde la perspectiva de la retribución como de la prevención general o especial, ni, por otro lado, en el ámbito procesal, puede mantenerse la subsistencia de dificultades probatorias suscitadas por el transcurso del tiempo que sólo afecten a un segmento de la acción y no a la conducta delictiva en su conjunto (cfr. Sentencias del Tribunal Supremo de 6 de mayo de 2004 y 1182/2006, de 29 de noviembre). La **Sentencia del Tribunal Supremo 40/2018, de 25 de enero**, precisa que **cuando se trata de concurso medial, el plazo prescriptivo del conjunto delictivo será el que corresponda al delito más grave, computándose desde la fecha de consumación del delito-fin, cuando el delito-instrumento es anterior.** La prescripción comienza cuando el delito termina, por lo que el cómputo del plazo no puede iniciarse antes de que el concurso o continuidad delictivos se hayan perfeccionado, por la producción del resultado típico. La unidad delictiva prescribe de modo conjunto porque el transcurso del tiempo no puede excluir la necesidad de pena para un único segmento subordinado de la conducta cuando subsiste para la acción delictiva principal, tanto si se contempla desde la perspectiva de la retribución como de la prevención general o especial. La **Sentencia del Tribunal Supremo 1006/2013, de 7 de enero**, refiere que, en el caso actual, en el que se ha sancionado un concurso medial entre falsedad y estafa, y se considera como delito más grave el de estafa, el plazo de prescripción es el correspondiente a la estafa, y el «dies a quo» para iniciar el cómputo de dicho plazo es el de la consumación del delito de estafa, que además de ser el delito más grave, constituye el delito fin del concurso, en el que la falsedad es el medio. La **Sentencia del Tribunal Supremo 813/2012, de 17 de octubre**, indica que la **doctrina jurisprudencial sobre el cómputo de la prescripción de los delitos integrantes de un concurso medial ha de aplicarse partiendo siempre de la premisa de que el delito fin se cometa antes de que prescriba el delito medio. De no ser así, el delito medio ha de considerarse prescrito una vez que transcurra el plazo previsto en el artículo 131 del Código Penal. De modo que transcurrido el tiempo previsto para la prescripción del delito medio no cabe que este reviva cuando, una vez consolidada la prescripción, se materialice el delito fin.** Puede decirse por tanto que el complejo concursal medial no llega a constituirse, de ahí que no quepa aplicar los plazos prescriptivos propios de esa unidad jurídica.

8.1.2.4. Delitos de los que son víctimas los menores de edad

El artículo 132.1 del Código Penal ha sido objeto de diversas reformas desde la publicación del Código Penal, y en concreto, a través de la Ley Orgánica 11/1999, de 30 de abril, la Ley Orgánica 14/1999, de 9 de abril, la Ley Orgánica 15/2003, de 25 de noviembre, la Ley Orgánica 5/2010, de 22 de junio, la Ley Orgánica 1/2015, de 30 de marzo, la Ley Orgánica 8/2021, de 4 de junio, y la Ley Orgánica 4/2023, de 27 de abril.

El **artículo 132.1 párrafos 2 y 3 del Código Penal**, conforme a la redacción otorgada por la Ley Orgánica 4/2023, de 27 de abril, señala que:

– En los delitos de aborto no consentido, lesiones, contra la libertad, de torturas y contra la integridad moral, contra la intimidad, el derecho a la propia imagen y la inviolabilidad del domicilio, y contra las relaciones familiares, excluidos los delitos contemplados en el párrafo siguiente, **cuando la víctima fuere una persona menor de dieciocho años,** los términos se computarán **desde el día en que ésta haya alcanzado la mayoría de edad, y si falleciere antes de alcanzarla, a partir de la fecha del fallecimiento.**

– En los delitos de tentativa de homicidio, de lesiones de los artículos 149 y 150, en el delito de maltrato habitual previsto en el artículo 173.2, en los delitos contra la libertad sexual y en los delitos de trata de seres humanos, **cuando la víctima fuere una persona menor de dieciocho años,** los términos se computarán **desde que la víctima cumpla los treinta y cinco años de edad, y si falleciere antes de alcanzar esa edad, a partir de la fecha del fallecimiento.**

La Sentencia del Tribunal Supremo 32/2024, de 11 de enero, afirma que la reforma operada por la Ley Orgánica 14/1999, de 9 de junio, y, en especial, la derivada de la Ley Orgánica 8/2021, de 4 de junio, han supuesto una notabilísima ampliación de los plazos prescriptivos al fijar una suerte de causa suspensiva que sitúa el dies a quo de su cómputo cuando la afirmada víctima cumpla 35 años. **Ampliación que, sin perjuicio de las dudas que puedan surgir sobre las razones que justifican la elección de ese concreto umbral de edad, el más alto de entre las regulaciones europeas, responde a sólidos y razonables objetivos político-criminales marca-**

dos, además, por convenios internacionales y normas de la Unión Europea. En efecto, tanto el artículo 33 del Convenio del Consejo de Europa para la protección de los niños contra la explotación y el abuso sexual, hecho en Lanzarote el 25 de octubre de 2007, y el artículo 58 del Convenio del Consejo de Europa sobre prevención y lucha contra la violencia contra las mujeres y la violencia doméstica, hecho en Estambul el 11 de mayo de 2011, como el artículo 15.2 de la Directiva 2011/93/UE del Parlamento Europeo y del Consejo, de 13 de diciembre de 2011, relativa a la lucha contra los abusos sexuales y la explotación sexual de los menores y la pornografía infantil, imponen la **obligación a los Estados de prevenir un plazo de prescripción que tenga una duración suficiente y proporcional a la gravedad del delito y permita su efectiva persecución después de que la víctima haya adquirido la mayoría de edad, tomando precisamente en cuenta las dificultades a las que muchas veces esta se enfrenta para denunciar.**

Estudios muy solventes sobre la fenomenología de los delitos sexuales cometidos sobre menores revelan que en un significativo porcentaje las víctimas retrasan durante años la revelación del hecho y, en su caso, su denuncia ante las autoridades obligadas a su persecución —*vid.* la encuesta realizada por la Agencia de Derechos Fundamentales de la Unión Europea (FRA, en sus siglas en inglés) entre marzo y septiembre de 2012, basada en entrevistas con 42.000 mujeres en los entonces veintiocho Estados miembros y publicada bajo el título «Violencia contra la mujer: una encuesta a nivel de la UE», cuyos resultados arrojan que «(...) Una de cada 10 mujeres ha sufrido algún tipo de violencia sexual desde los 15 años, y una de cada 20 ha sido violada. Poco más de una de cada cinco mujeres ha experimentado violencia física y/o sexual por parte de una pareja actual o anterior, y poco más de una de cada 10 mujeres indica que ha experimentado alguna forma de violencia sexual por parte de un adulto antes de los 15 años. Sin embargo, como ilustración, solo el 14 % de las mujeres informaron a la policía de su incidente más grave de violencia en pareja, y el 13 % informó a la policía de su incidente más grave de violencia sin pareja».

La **doctrina especializada** distingue tres clases de barreras para revelar y denunciar este tipo de delitos: las interpersonales, las socioculturales y las intrapersonales. La primera y segunda clase se refieren a las limitaciones para denunciar derivadas del hecho de que la víctima todavía se encuentre bajo la influencia o la dependencia del autor del delito ya sea material, económica o emocional. En cuanto a los factores intrapersonales, algunos se relacionan con que las víctimas no tienen una precisa conciencia sobre si fueron o no objeto de agresión sexual. Ya sea porque no están seguras del significado que cabe atribuir a las experiencias vividas o porque desconfían de la mayor o menor genuinidad de los recuerdos. Otras víctimas, sin embargo, pese a ser completamente conscientes de los comportamientos sexualmente cosificadores sufridos cuando eran menores, no denuncian con prontitud por la presencia de dificultades para hacerlo consecuentes al propio proceso de victimización, como son los sentimientos generados desvergüenza, culpabilidad, autorresponsabilidad y ansiedad.

A lo anterior deben añadirse **los estándares interpretativos que ofrece la jurisprudencia del Tribunal Europeo de Derechos Humanos** en la que se insiste que la violación y la agresión sexual grave no solo comprometen los valores fundamentales y aspectos esenciales de la «vida privada» en el sentido del artículo 8 de la Convención, sino que también equivalen al trato inhumano que entra en el ámbito del artículo 3 de la Convención —*vid.* Sentencia del Tribunal Europeo de Derechos Humanos, caso Y c. Bulgaria, de 20 de febrero de 2020—. Ello comporta la inherente obligación positiva de los Estados de promulgar leyes penales que posibiliten la persecución de dichos comportamientos y su efectivo castigo —*vid.* Sentencia del Tribunal Europeo de Derechos Humanos, caso C. B.V. c. Bélgica, de 2 de mayo de 2017; caso M.G. C. c. Rumania, de 15 de marzo de 2016; caso Z c. Bulgaria, de 28 de mayo de 2020; caso E.G. c. la República de Moldavia, de 13 de abril de 2021—. La reciente Sentencia del Tribunal Europeo de Derechos Humanos, caso Vuèkoviæ c. Croacia, de 12 de diciembre de 2023, identifica vulneración de los artículos 3 y 8 de la Convención en la decisión del Tribunal de Apelación de Varadin (Croacia) que sin particular justificación, más allá de la genérica invocación al paso del tiempo, sustituye la pena de prisión impuesta por un delito contra la libertad sexual cometido en un contexto laboral por la de, nuestra equivalente, pena de trabajos en beneficio de la comunidad. Sin perjuicio de los evidentes límites que condicionan la labor del Tribunal Europeo y que le vedan la posibilidad de formular concretos juicios de punibilidad, la sentencia reprocha que pese a que el tribunal de primera instancia sostuvo claramente que el grado de responsabilidad penal del acusado era particularmente alto se decida, sin tomar en cuenta otros factores de mitigación, sustituir la condena de prisión únicamente porque habían pasado cuatro años desde la comisión de los hechos y el autor no había cometido ningún otro delito. Como se precisa en la sentencia (parágrafo 61) «el tribunal de apelación no ofreció ninguna razón plausible para explicar por qué el mero paso del tiempo, que de ninguna manera podría ser imputable a la solicitante y solo debe haberla traumatizado aún más como víctima (ver S.Z. v. Bulgaria, no. 29263/12, § 52, 3 de marzo de 2015; véase también el párrafo 21 anterior) superó las graves circunstancias agravantes mencionadas anteriormente». Destacando, igualmente, «que si bien el Tribunal es consciente de que las Partes Contratantes, en principio, disfrutan de una amplia discreción en asuntos de política penal (véase Khamtokhu y Aksenchik v. Rusia (GC), nos. 60367/08 y 961/11, § 85, 24 de enero de 2017), ya ha hecho hincapié en que la retribución como forma de justicia para las víctimas y la disuasión general destinada a prevenir nuevas violaciones y defender el estado de derecho se encuentran entre los principales propósitos de imponer sanciones penales (véase Jeliæ v. Croacia, no. 57856/11, § 90, 12 de junio de 2014)». Añadiendo «que en un caso como el presente, a pesar de la naturaleza repetida de la violencia sexual grave sufrida por la solicitante, el tribunal de apelación optó por reemplazar la sentencia de prisión de M.P. por trabajo comunitario sin dar las razones adecuadas y sin considerar de ninguna manera los intereses de la víctima que los tribunales nacionales están obligados a tener en cuenta al decidir sobre la sentencia que se impondrá en un caso particular (...) Tal enfoque de los tribunales nacionales, en opinión de la Corte, puede ser indicativo de cierta indulgencia en el castigo de la violencia contra las mujeres, en lugar de comunicar un mensaje fuerte a la comunidad de que la violencia contra las mujeres no será tolerada».

La doctrina transcrita del Tribunal Europeo no debe interpretarse, desde luego, como una llamada al endurecimiento de la respuesta penal contra la violencia sexual o a prescindir de las notas de proporcionalidad y de correspondencia entre la gravedad del hecho y la culpabilidad del responsable a la hora de determinar la pena puntual. Pero sí es un toque de atención sobre el significativo rol político-criminal que cumple la pena en la lucha contra la violencia sexual y la necesidad de justificar de manera consistente todo juicio de punibilidad, evitando que el uso de fórmulas de atenuación de la pena sin un sólido fundamento normativo y factual pueda comprometer los relevantes fines de protección a los que esta sirve.

8.2. Suspensión del cómputo del plazo de prescripción

El **artículo 132.2. 2.ª del Código Penal** afirma que la presentación de querella o la denuncia formulada ante un órgano judicial, en la que se atribuya a una persona determinada su presunta participación en un hecho que pueda ser constitutivo de delito, **suspenderá el cómputo de la prescripción por un plazo máximo de seis meses**, a contar desde la misma fecha de presentación de la querella o de formulación de la denuncia. **Si dentro de dicho plazo** se dicta contra el querellado o denunciado, o contra cualquier otra persona implicada en los hechos, alguna de las resoluciones judiciales mencionadas en la regla 1.ª, la interrupción de la prescripción se entenderá retroactivamente producida, a todos los efectos, en la fecha de presentación de la querella o denuncia. Por el contrario, el cómputo del término de prescripción continuará desde la fecha de presentación de la querella o denuncia **si, dentro del plazo de seis meses, recae resolución judicial firme de inadmisión a trámite de la querella o denuncia o por la que se acuerde no dirigir el procedimiento contra la persona querellada o denunciada**. «La continuación del cómputo se producirá también si, dentro de dicho plazo, el juez de instrucción no adoptara ninguna de las resoluciones previstas en este artículo».

De esta forma, la presentación de querella o la denuncia formulada ante un órgano judicial, en la que se atribuya a una persona determinada su presunta participación en un hecho que pueda ser constitutivo de delito, suspenderá el cómputo de la prescripción por un plazo máximo de seis meses para el caso de delito y de dos meses para el caso de falta, a contar desde la misma fecha de presentación de la querella o de formulación de la denuncia. Las posibilidades existentes son que, dentro de ese plazo, el órgano judicial resuelva algo, o no lo haga. Si sucede esto último, la solución legal es que se continúe el cómputo de la prescripción sin que opere de forma alguna tal suspensión por la presentación de la querella o denuncia, sin mayores complicaciones. En cambio, si el Juzgado de Instrucción resuelve, puede serlo naturalmente en sentido positivo a la admisión o denegatoria de ésta. Y si lo fuera en sentido positivo, «la interrupción de la prescripción se entenderá retroactivamente producida, a todos los efectos, en la fecha de presentación de la querella o denuncia». **No resuelve, sin embargo, el legislador el problema de que fuera ya del plazo de los seis o los dos meses, el Juzgado de Instrucción rechace la admisión a trámite de la querella o denuncia y por medio de la utilización de los recursos pertinentes, la Audiencia revoque tal decisión judicial y admita la querella, desautorizando así el criterio del Instructor, o que la Audiencia lo haga igualmente fuera de tal lapso temporal.** En este caso, la Sentencia del Tribunal Supremo 1187/2010, de 27 de diciembre, declara que no se puede operar del mismo modo, pues el legislador opta por regular una respuesta jurídica que necesariamente se ha de producir dentro de tales plazos para que el efecto suspensivo de la presentación de la querella o denuncia tenga virtualidad jurídica. Entender lo contrario, dejando al recurso de apelación un espacio temporal indefinido que se proyectase retroactivamente a la fecha del dictado de la resolución judicial por el Instructor, dejaría sin contenido la previsión del legislador de que en ese plazo se decida definitivamente la cuestión, como se apunta en el supuesto de inadmisión, en donde ha de recaer una resolución judicial firme de inadmisión a trámite de la querella o denuncia o por la que se acuerde no dirigir el procedimiento contra la persona querellada o denunciada, para que se produzca el efecto contrario, esto es, que el término de prescripción se retrotraiga a la fecha de presentación de la querella o denuncia como si nada hubiera sucedido. Al incluir el legislador en este último supuesto la mención «firme», valora ya la posibilidad de que tal resolución judicial haya sido sometida al criterio de un recurso ulterior, devolutivo o no, pero dentro de los referidos plazos.

8.3. La interrupción de la prescripción cuando el procedimiento se dirija contra la persona indiciariamente responsable del delito («*dies ad quem*»)

8.3.1. El artículo 132.2 del Código Penal

El artículo 132.2 del Código Penal, conforme a la redacción otorgada por la Ley Orgánica 1/2015, de 30 de marzo, señala que «La prescripción se interrumpirá, quedando sin efecto el tiempo transcurrido, cuando el procedimiento se dirija contra la persona indiciariamente responsable del delito, comenzando a correr de nuevo desde que se paralice el procedimiento o termine sin condena de acuerdo con las reglas siguientes:

1.ª Se entenderá dirigido el procedimiento contra una persona determinada desde el momento en que, al incoar la causa o con posterioridad, se dicte resolución judicial motivada en la que se le atribuya su presunta participación en un hecho que pueda ser constitutivo de delito.

2.ª No obstante lo anterior, la presentación de querella o la denuncia formulada ante un órgano judicial, en la que se atribuya a una persona determinada su presunta participación en un hecho que pueda ser constitutivo de delito, suspenderá el cómputo de la prescripción por un plazo máximo de seis meses, a contar desde la misma fecha de presentación de la querella o de formulación de la denuncia.

Si dentro de dicho plazo se dicta contra el querellado o denunciado, o contra cualquier otra persona implicada en los hechos, alguna de las resoluciones judiciales mencionadas en la regla 1.ª, la interrupción de la prescripción se entenderá retroactivamente producida, a todos los efectos, en la fecha de presentación de la querella o denuncia.

Por el contrario, el cómputo del término de prescripción continuará desde la fecha de presentación de la querella o denuncia si, dentro del plazo de seis meses, recae resolución judicial firme de inadmisión a trámite de la querella o denuncia o por la que se acuerde no dirigir el procedimiento contra la persona querellada o denunciada. La continuación del cómputo se producirá también si, dentro de dicho plazo, el juez de instrucción no adoptara ninguna de las resoluciones previstas en este artículo».

La **redacción actual** del precepto es deudora de la reforma operada por la Ley Orgánica 5/2010, de 22 de junio, habiéndose limitado la Ley Orgánica 1/2015, de 30 de marzo, a eliminar la referencia a la «falta» que se incluyó en aquélla.

Con anterioridad a la reforma operada por la Ley Orgánica 5/2010, de 22 de junio, el artículo 132.2 del Código Penal establecía que: «la prescripción se interrumpirá, quedando sin efecto el tiempo transcurrido, **cuando el procedimiento se dirija contra el culpable**, comenzando a correr de nuevo el término de la prescripción desde que se paralice el procedimiento o se termine sin condena».

La **Ley Orgánica 5/2010, de 22 de junio**, supuso:

a) La realización de una regulación detallada del instituto que ponga fin a las diferencias interpretativas que habían surgido en los últimos tiempos. Para llevar a cabo esta tarea, se prestó especial atención a la necesidad de **precisar el momento de inicio de la interrupción de la prescripción**, estableciéndose que ésta se produce, quedando sin efecto el tiempo transcurrido, cuando **el procedimiento se dirija contra persona determinada que aparezca indiciariamente como penalmente responsable**. Para entender que ello ocurre se requiere, cuando menos, una «actuación material del Juez Instructor».

b) La eliminación de la fórmula «el procedimiento se dirija contra el culpable» para valerse de la expresión «el procedimiento se dirija contra la persona indiciariamente responsable del delito», sino que, se añadieron tres «reglas» en las que interpretó de forma auténtica esta exigencia:

» la regla 1.ª precisó cuándo se entendía dirigido el procedimiento contra una persona determinada, lo que acontecía cuando se dictara **«resolución judicial motivada»** en la que se le atribuyera su presunta participación en un hecho que pueda ser constitutivo de delito o falta.

» la regla 2.ª dispuso por excepción a la regla anterior que la presentación de querella o la denuncia formulada ante un órgano judicial, en la que se atribuya a una persona determinada su presunta participación en un hecho que pueda ser constitutivo de delito o falta, «suspenderá» el cómputo del plazo de prescripción por determinados periodos y con diversos efectos, según los casos.

» la regla 3.ª exigió que la «la persona contra la que se dirige el procedimiento» debía «quedar suficientemente determinada en la resolución judicial, ya sea mediante su identificación directa o mediante datos que permitan concretar posteriormente dicha identificación en el seno de la organización o grupo de personas a quienes se atribuya el hecho».

c) El abordaje del «problema de los efectos que para la interrupción de la prescripción puede tener la presentación de denuncias o querellas», y a tal efecto, se optó por «suspender» el cómputo de la prescripción por un máximo de seis meses o dos meses, según se trate de delito o falta, desde dicha presentación siempre que sea ante un órgano judicial y contra una persona determinada. Si el órgano judicial no la admite a trámite o no dirige el procedimiento contra la persona denunciada o querellada, continúa el cómputo de prescripción desde la fecha de presentación. También continuará el cómputo si dentro de dichos plazos el Juez no adopta ninguna de las resoluciones citadas.

La Sentencia del Tribunal Supremo 409/2018, de 18 de septiembre, analiza esta reforma y entiende que una de las novedades que introdujo la Ley Orgánica 5/2010, de 22 de junio, fue la relativa al momento en que debe entenderse interrumpido el plazo de prescripción. La entonces nueva norma hizo una «**regulación integradora**» de una materia que había sido objeto de un debate jurídico entre el Tribunal Supremo y el Tribunal Constitucional. En los años inmediatamente precedentes a la aprobación de dicha norma, el Tribunal Supremo había entendido, en síntesis, que la interposición de una denuncia o querella contra personas concretas interrumpía el plazo de prescripción, mientras que para el Tribunal Constitucional era necesario algún «acto de interposición judicial para entender dirigido el procedimiento contra una determinada persona e interrumpido el plazo de prescripción (...) que garantice la seguridad jurídica y del que pueda deducirse la voluntad de no renunciar a la persecución y castigo del delito» (Sentencia del Tribunal Constitucional 59/2010, de 4 de octubre). La postura del Tribunal Constitucional implicaba, como regla general, que la interrupción de la prescripción no se producía hasta la admisión judicial de la denuncia o querella. De acuerdo con esta nueva regulación del Código Penal (artículo 132.2.2.ª del Código Penal), dichos criterios se han refundido en una norma, según la cual, la interposición de una querella o denuncia interrumpe el plazo de prescripción, como sostenía la doctrina del Tribunal Supremo, siempre y cuando en el plazo de 6 meses (o 2 meses para el caso de las faltas que tras la Ley Orgánica 1/2015, de 30 de marzo, ha desaparecido al suprimirse tal tipo de infracciones del ordenamiento penal) desde la interposición de la misma se dicte una resolución judicial motivada en la que se atribuya a una persona en concreto su presunta participación en unos hechos que puedan ser constitutivos de delito o falta. Es decir, se produzca ese «acto de interposición judicial», generalmente la admisión judicial de la denuncia o querella (como sostenía la jurisprudencia del Tribunal Constitucional). En definitiva, lo esencial de cara a la interrupción es el «acto judicial de dirección del procedimiento».

La necesidad de un «acto judicial de interposición» para que se produzca la interrupción del plazo de prescripción, vinculada al entendimiento de este instituto como un límite temporal externo al ejercicio del ius puniendi por parte del Estado, que determina que el plazo de prescripción del delito sea indisponible para las partes actuantes en un procedimiento penal, toda vez que lo que prescribe no es la acción penal para perseguir el delito sino el delito mismo, resulta coherente con el fundamento material de la prescripción en los principios de seguridad jurídica, intervención mínima y necesidad preventivo-general y preventivo-especial de la pena, a los que cabría añadir la necesidad de que en todo momento el procedimiento penal aparezca rodeado de las garantías constitucionalmente exigibles, lo que únicamente ocurre a partir del momento en que interviene el órgano judicial tomando las riendas del proceso. Cualquier otra interpretación permanecería, por el contrario, anclada en el entendimiento de la prescripción penal como un instituto de naturaleza exclusivamente procesal e ignoraría, con ello, la esencia sustantiva del mismo como instrumento a través del cual se manifiesta la extensión temporal de la posibilidad de ejercicio del ius puniendi por parte del Estado (*ex* Sentencia del Tribunal Constitucional 63/2005, de 14 de marzo).

8.3.2. La «resolución judicial» que interrumpe la prescripción

Para que se produzca la interrupción de la prescripción se precisa el dictado de una resolución judicial que no sea de puro trámite, sino que encierre un contenido decisorio que suponga ese «dirigir el procedimiento contra una persona determinada o determinable», por «unos hechos suficientemente identificados en sus coordenadas básicas» y «supuestamente delictivos». **Además** de esa esencialidad o sustancialidad que ha de ser predicable de una resolución para que se le anude esa fuerza interruptora, debe concurrir otra exigencia, más formal o exterior, su necesaria **motivación**, aunque sea sucinta.

La **«resolución judicial» a la que hace referencia el artículo 132 del Código Penal no es equivalente a un «acto judicial estricto de imputación»**, o lo que es lo mismo, la atribución de la condición de sujeto pasivo de una pretensión punitiva, que aún no se ha ejercitado formalmente, sino **la atribución indiciaria de su presunta participación en un hecho, que se está investigando o que se comienza a investigar en tal momento**, y por eso, la ley se refiere en otros apartados al contenido de la admisión a trámite de una querella o una denuncia, como igualmente otro acto formal de interrupción de la prescripción (Sentencia del Tribunal Supremo 1294/2011, de 21 de diciembre, seguida por otras muchas, como la más reciente Sentencia del Tribunal Supremo 70/2022, de 27 de enero, que recoge un listado de resoluciones que han asumido esta doctrina).

Igualmente, se ha señalado:

a) Que una interpretación sistemática de la norma pone manifiestamente de relieve, que entre las resoluciones judiciales con virtualidad interruptiva de la prescripción **la más caracterizada es precisamente el auto de admisión de dicha querella o denuncia, resolución que necesariamente tiene que ser motivada por su naturaleza de auto**, y que determina la incoación de un procedimiento penal contra el querellado, precisamente porque le atribuye su presunta participación en los hechos objeto de la querella o denuncia, y se considera judicialmente que éstos hechos pueden revestir los caracteres de delito o falta (Sentencia del Tribunal Supremo 624/2021, de 14 de julio).

b) Que la **resolución judicial motivada en la que se le atribuya a una persona su presunta participación en un hecho que pueda ser constitutivo de delito o falta** (artículo 132.2. 1.ª del Código Penal) **puede dictarse al incoar la causa o con posterioridad** (Sentencia del Tribunal Supremo 905/2014, de 29 de diciembre).

c) Que esta resolución motivada que atribuya a una persona su participación en un hecho que pueda ser constitutivo de delito o falta no se refiere, exclusivamente, al Auto que de origen a la investigación, con la admisión a trámite de la querella o denuncia, pues es posible que **previamente pueden adoptarse otras resoluciones judiciales** diversas, como el dictado de un Auto de intervención telefónica, o un registro domiciliario, o un mandamiento de detención, etc., **«actos judiciales potencialmente aptos para interrumpir la prescripción»**, en tanto que manifiestan una resolución judicial motivada en la que se atribuye a un sospechoso su presunta participación en el hecho delictivo que se encuentra siendo investigado y existe una atribución indiciaria a un sujeto de un hecho que es investigado (Sentencia del Tribunal Supremo 885/2012, de 12 de noviembre).

d) Que **no basta con la apertura de un procedimiento destinado a la investigación del delito en cuestión cuando este procedimiento se dirige contra personas indeterminadas o inconcretas o contra personas diferentes de quien interesa la prescripción,** pero tampoco es exigible que se dicte auto de procesamiento o se formalice judicialmente la imputación mediante la citación a declarar en concepto de inculpado, siendo suficiente para entender interrumpida la prescripción por dirigirse el procedimiento contra el culpable, que en la querella, denuncia o investigación aparezcan nominadas unas determinadas personas, como supuestos responsables del delito o delitos que son objeto del procedimiento, siendo equiparable a esta hipótesis los supuestos en que la denuncia, querella o investigación se dirija contra personas que, **aun cuando no estén identificadas nominalmente, aparezcan suficientemente definidas** (Sentencia del Tribunal Supremo 304/2020, de 12 de junio).

e) Que **admitida judicialmente la querella, e incoada una causa penal contra el querellado** por su participación en los hechos que se le imputan en la misma, la prescripción queda interrumpida y **no se requiere un auto adicional de imputación formal** (Sentencia del Tribunal Supremo 905/2014, de 29 de diciembre), decisión que no tiene por qué revestir la forma de auto, pues la Sentencia del Tribunal Supremo 14/2015, de 26 de enero, admitió la citación por medio de providencia (Sentencia del Tribunal Supremo 819/2021, de 27 de octubre).

f) Que **cuando se trate de una persona que no figure expresamente en la querella como querellado, el «acto de interposición judicial» que dirige el procedimiento contra una determinada persona e interrumpe el plazo de prescripción, es la decisión judicial de citarle en calidad de imputado** (Sentencia del Tribunal Supremo 905/2014, de 29 de diciembre). En este sentido, la Sentencia del Tribunal Supremo 628/2013, de 10 de julio, consideró que en el caso de una querella dirigida contra determinadas personas no era bastante que en la misma se hiciera constar la expresión «y otros que puedan resultar de la instrucción de la causa» para considerar que el proceso se dirigía en ese momento contra quienes no aparecían como querellados.

g) Que **no es necesaria una toma de postura respecto a la adecuada calificación jurídica de los hechos.** Como recordó la Sentencia del Tribunal Supremo 832/2013, de 24 de octubre, lo que interrumpe la prescripción es la imputación de unos determinados hechos (debe entenderse los relatados en la denuncia o querella), no la calificación formal de los mismos (Sentencia del Tribunal Supremo 951/2023, de 21 de diciembre). **Y esta interrupción operará respecto a cualquier calificación jurídica que se sustente sobre hechos que se imputan en la denuncia o querella, a no ser que el Instructor, al admitir aquellas o incoar el procedimiento penal, excluya expresamente algún apartado fáctico,** y siempre que el querellado haya tenido conocimiento de la totalidad de los hechos que se le imputan.

La **Sentencia del Tribunal Supremo de 21 de abril de 1994** aborda el caso de una querella que atribuye al querellado como únicos hechos haber proferido diversas expresiones en un artículo periodístico y limita la imputación a un delito de calumnia, y el juzgado de instrucción admite la querella por esa figura delictiva y dicta auto de procesamiento por ese delito y sólo en el juicio oral la acusación particular introduce como alternativo un delito de injuria grave a un miembro de las Cortes. La Sala Segunda afirma que cuando se formula acusación por un delito contra altos organismos de la nación habían transcurrido más de cinco años desde que se produjeron los hechos que se enjuician. No puede entenderse que el plazo de prescripción se hubiera interrumpido por la querella interpuesta por un delito de calumnia. Difieren los componentes objetivos y subjetivos de ambas figuras delictivas. Ciertamente, los hechos en que se asientan y los bienes jurídicos que se tutelan son distintos. La seguridad jurídica se vería seriamente vulnerada si se quisiera dar a la voluntad del querellante un alcance que no quiso. Efectivamente, fue su deseo reducir la querella a un ámbito estrictamente privado, referidos a unos hechos en los que no se tuvo en cuenta su condición y actividad parlamentaria y que reputó constitutivos, exclusivamente, de un delito de calumnia.

No interrumpe la prescripción la denuncia o imputación genérica, o inconcreta, pues se exige alguna determinación de la comisión delictiva, siquiera sea muy general, pero de donde pueda deducirse de qué infracción penal se trata, **Sentencia del Tribunal Supremo 1807/2001, de 30 de octubre.**

h) Que, al poderse dictar en fase de investigación sumarial secreta, no tiene por qué notificarse a dicha persona (Sentencias del Tribunal Supremo 346/2011, de 21 de noviembre, 885/2012, de 12 de noviembre, 649/2018, de 14 de diciembre, 624/2021, de 14 de julio, 70/2022, de 27 de enero, y 440/2024, de 22 de mayo, entre otras).

i) Que **no se exige que tenga que tomarse inmediatamente declaración a tal persona frente a la que se interrumpe,** por la resolución judicial motivada, la prescripción (Sentencias del Tribunal Supremo 346/2011, de 21 de noviembre, 885/2012, de 12 de noviembre, 649/2018, de 14 de diciembre, 624/2021, de 14 de julio, 70/2022, de 27 de enero, y 440/2024, de 22 de mayo, entre otras).

La Sentencia del Tribunal Supremo 1033/2024, de 14 de noviembre, desarrolla con mayor precisión los anteriores criterios. La interrupción de la prescripción no exige un «auto formal de imputación con relato pormenorizado de hechos». Toda resolución judicial que suponga **poner en el foco de la investigación a una persona determinada, o determinable fácilmente, sin necesidad de elucubraciones ni deducciones, implica que el procedimiento penal encara esa dirección y se pone de nuevo a cero el crono de la prescripción.**

La interrupción de la prescripción **no exige que se llame a la parte pasiva del proceso a declarar como investigado, ni siquiera que se produzca la comunicación prevista en el artículo 118 de la Ley de Enjuiciamiento Criminal.** Eso es otro tema. Es una exigencia que se mueve en un plano diferente. **Lo decisivo es que un observador externo pueda advertir que esa causa penal se encamina a la averiguación de posibles responsabilidades penales de una persona determinada por virtud de unos hechos, más o menos acotados.** Finalmente, el que lo anterior se lleve a efecto mediante una resolución que adopte la forma de providencia, y no de auto, tampoco es trascendente a estos efectos (vid Sentencias del Tribunal Supremo de 31 de octubre de 1992 y 8 de febrero de 1995, 148/2008, de 8 de abril, y 80/2011, de 8 de febrero, entre muchas). Una providencia, si en su materialidad supone conferir al procedimiento una determinada línea investigadora, es relevante a efectos de prescripción. Es un problema de sustancia y no de forma. Por eso el debate sobre si hubiera sido más correcto dictar un auto es totalmente baladí. Así, interrumpió la prescripción la providencia que acordó la práctica de unas diligencias inequívocamente orientadas a averiguar posibles responsabilidades penales del recurrente, expresamente mencionado, por concretos ilícitos penales.

El artículo 132.2 del Código Penal afirma que la prescripción se interrumpe «cuando el procedimiento se dirija contra la persona indiciariamente responsable del delito», y añade en su regla 1.ª una **interpretación auténtica**, pues «**se entenderá dirigido el procedimiento contra una persona determinada** desde el momento en que, al incoar la causa o con posterioridad, se dicte **resolución judicial motivada** en la que se le atribuya su presunta participación en un hecho que pueda ser constitutivo de delito».

En relación a la **necesidad de motivación**, la Sentencia del Tribunal Supremo 651/2017, de 3 de octubre, señaló que necesidad de motivación de esa resolución que implique la dirección del procedimiento a los fines de tener por integradas las exigencias del artículo. 132.2. 1.ª del Código Penal en su actual redacción, **viene necesariamente delimitada por el momento procesal en el que se dicta esa resolución**. Generalmente, será la que dé comienzo a las investigaciones, por lo que solo contará como elementos de contraste con los que la correspondiente denuncia o querella incorporen. De ahí que **lo exigible es un «juicio de verosimilitud»** sobre la apariencia delictiva de los hechos denunciados y su presunta atribución al querellado o denunciado. Como dijo la Sentencia del Tribunal Supremo 885/2012, de 12 de noviembre, no es posible «que en tal momento procesal puedan llevarse a cabo mayores explicaciones ni probanzas, en tanto dicha resolución judicial es precisamente la que abre la investigación judicial; carecería de sentido, en consecuencia, exigir mayor motivación que la expuesta».

La **Sentencia del Tribunal Supremo 794/2016, de 24 de octubre**, analiza el valor de un auto de admisión de querella de deficiente redacción, derivada de un comprensible uso y abuso de la versión moderna —archivo digitalizado— del vetusto impreso, en el que sin matización alguna se procedió por todos los hechos que se invocaban y contra todos los querellados. Sería la decisión contraria, la inadmisión por alguno de los hechos o respecto de alguno de los querellados, la que exigiría un pronunciamiento expreso específico. Entender otra cosa es absurdo; tanto como lo sería concluir que tras una denuncia o un atestado seguidos del clásico auto-modelo de incoación de diligencias que la no mención de uno de los reseñados como denunciados en el atestado, o su alusión genérica y no nominatim, o la omisión de alguna de las posibles infracciones («robo», en lugar de «robo y utilización ilegítima de vehículo de motor») implica una restricción del objeto del proceso. **Autos de esa naturaleza son contextuales**, como lo son los autos en los que se concede una intervención telefónica, o aquellos que acceden a una petición. No pueden ser analizados aisladamente al margen tanto de sus precedentes como de las resoluciones subsiguientes. Si se admite a trámite una querella sin razonarse que se rechaza alguno de sus delitos o se considera infundada la implicación de alguno de los querellados, hay que entender que se admite sin matizaciones, más allá del mayor o menor cuidado o esmero que se haya puesto al mecanografiar los delitos utilizando fórmulas más o menos vagas, de las que no cabe deducir nada. **Quizás después de la reforma de 2010 habría que matizar algo —tampoco en exceso— este razonamiento**. No es momento de entretenerse en ello. Lo que es patente es que materialmente esa es una resolución judicial que decide que debe abrirse una investigación jurisdiccional contra determinadas personas por una serie de hechos entre los que están los que determinarían posteriormente la acusación por delito contra la hacienda pública. La prescripción quedó interrumpida. Eran hechos determinados; y contra

111

personas determinadas. Es obvio que se iniciaba una investigación judicial frente a ellos. No mencionar esa infracción en el auto de admisión no es expresión de una decisión judicial contraria, sino simple omisión subsanable en cualquier momento (artículo 267 de la Ley Orgánica del Poder Judicial). ¡Claro que no es elogiable ni modélica esa redacción del auto! Pero a esas deficiencias básicamente formales no cabe anudar tan relevantes consecuencias materiales. No es cuestión de comprobar si una palabra aparece mencionada o no, sino de constatar si un Juez decidió de forma mínimamente razonada que procedía abrir una investigación por los hechos relatados en la querella en la medida en que, de ser ciertos, serían constitutivos de delito, y, además, se presentaba ante órgano competente (artículo 313 de la Ley de Enjuiciamiento Criminal). No se trataba de evaluar indicios: la ausencia de indicios no es causa legal, como regla general, de rechazo de una querella que se promueve precisamente para buscar y recabar las posibles pruebas. Un auto de admisión de querella no tiene en principio por qué ponderar pruebas que todavía no se han producido. Basta con constatar la fundabilidad y el carácter posiblemente delictivo de los hechos. La resolución de la Audiencia impugnada en casación pone el énfasis en la apariencia o en lo estrictamente formal, lo que no ha de ser el criterio decisor ni después de la reforma de 2010 ni mucho menos antes para testar la eficacia interruptiva de la prescripción. No es necesario que el auto de admisión de querella razone la tipicidad de los hechos si es evidente y no plantea duda alguna. Como tampoco cabría tachar de inmotivado el auto de incoación de previas que tras el atestado no detalla los hechos, ni valora su tipicidad de forma expresa, o no llega a encajar la conducta en un concreto tipo penal (que puede ser obvio) sin que por ello quepa por lo general considerar que no interrumpe la prescripción. Cuanto menos en una querella en que la llamada motivación por remisión puede tener más operatividad.

La **Sentencia del Tribunal Supremo 832/2013, de 24 de octubre**, resuelve la objeción consistente en que en el auto de incoación de la querella no se refirió de modo expreso el delito contra la Hacienda Pública objeto de condena, sino únicamente el delito de estafa. La Sala Segunda recuerda que el auto de incoación de unas diligencias previas, de admisión de una querella, o incluso de transformación del procedimiento, no predetermina la calificación jurídica de los hechos por la que se finalmente se pueda formular acusación o dictar sentencia, y que **lo que delimita el procedimiento son los hechos objeto de imputación, no la calificación jurídica que se les atribuya por el querellante o por el auto de incoación del procedimiento.** La interrupción de la prescripción se produce, conforme al artículo 132 del Código Penal, cuando se dicte resolución motivada (auto de admisión de la querella, en este caso) en la que se atribuya al querellado su presunta participación en un hecho que pueda ser constitutivo de delito o falta. **En definitiva, es la imputación de unos determinados hechos (en el caso actual los relatados en la querella) lo que interrumpe la prescripción, no la calificación formal de los mismos.** Cabe, efectivamente, y la realidad lo acredita cada día, que los hechos objeto de un procedimiento penal puedan ser calificados como constitutivos de una pluralidad de tipos delictivos más o menos conexos (estafa, falsedad, delito fiscal, blanqueo, etc.), pero el dato de que una determinada calificación no se haya incluido formalmente por el querellante, o por el Instructor en el auto de incoación del procedimiento, no excluye la interrupción de la prescripción para todos los hechos que se imputan al querellado en la querella, con independencia de su calificación final. **A no ser que el Instructor, al admitir la querella o incoar el procedimiento penal, excluya expresamente algún apartado fáctico, y siempre que el querellado haya tenido conocimiento de la totalidad de los hechos que se le imputan.** En el caso analizado, lo hechos constitutivos de un supuesto delito fiscal figuraban entre los que fueron objeto de querella y aunque al escueta fundamentación jurídica del auto de admisión de la querella los califica genéricamente como estafa, sin profundizar en otras calificaciones delictivas alternativas o concurrentes, como es práctica habitual de los Tribunales para evitar prejuzgar el resultado final del procedimiento, **se refiere expresamente en su antecedente fáctico a la «relación circunstanciada de hechos» por los que se formula la querella, y en la parte dispositiva se admite la querella en sus propios términos, sin limitar o excluir ninguno de los hechos relacionados en la misma.** En consecuencia, ha de estimarse que dicho auto tiene un efecto interruptivo de la prescripción para el conjunto de hechos objeto de la querella, imputados específicamente a la persona del querellado y que pudiesen ser constitutivos de delito o falta.

La **Sentencia del Tribunal Supremo 690/2014, de 22 de octubre**, analiza el auto de incoación de Diligencias Previas derivado de una denuncia formulada por el Ministerio Fiscal por un delito contra la Hacienda Pública. En el **Antecedente**

de Hecho se acotaron los hechos objeto de investigación a los que «resultaban de las anteriores actuaciones», referencia que necesariamente había que entender a las que acompañó el Ministerio Fiscal a su denuncia, y además, se añadía que esos hechos «hacen presumir la posible existencia de una infracción penal», de modo que, esa remisión a lo incorporado a través de la denuncia del Fiscal, sólo puede interpretarse como declaración de verosimilitud en relación al carácter delictivo de los mismos, siempre desde la óptica de una instrucción incipiente, pues en otro caso lo procedente hubiera sido el archivo o sobreseimiento total o parcial de las actuaciones. En el **Fundamento Jurídico** se especificaba «no estando determinadas la naturaleza y circunstancias de tales hechos, ni las personas que en ellos hayan intervenido, es procedente, de conformidad con lo dispuesto en el artículo 789 de la Ley de Enjuiciamiento Criminal, instruir diligencias previas y practicar aquellas esenciales encaminadas a efectuar tal determinación y, en su caso, el procedimiento a aplicar». Este texto reproduce una fórmula ritual que no desvirtúa la afirmación recogida en el antecedente de hecho respecto de la apariencia delictiva de los hechos denunciados, siendo su sentido poner de relieve que hay que acometer una instrucción judicial que permita la concreción de los hechos y de las personas presuntamente responsables de ellos. Es decir, que eran necesarias las actuaciones pertinentes para comprobar si lo que en principio fueron sospechas fundadas, suficientes para sustentar la imputación en ese momento, respecto a la existencia del delito fiscal objeto de las actuaciones y la intervención en él de los denunciados, se configuraban como auténticos indicios de criminalidad que justificaran el sometimiento de los mismos a enjuiciamiento. **Es cierto que dicha resolución no menciona de manera individualizada a los denunciados, pero en la medida que no excluye ninguno de los que incorporó el Fiscal a su denuncia, debe entenderse que el juicio de verosimilitud emitido lo fue respecto a todos ellos.** También es cierto que esa resolución no acordó tomar declaración a los denunciados ni ninguna otra diligencia de instrucción, pero el análisis de este extremo y, en general, de todo el contenido del auto, no puede sustraerse de la decisión que adopta: iniciar la investigación sobre unos hechos que verosímilmente aparentan ser delito y, determinar el órgano territorialmente competente. Por ello acuerda dar traslado al Fiscal para que emita informe sobre «la competencia territorial, y en su caso, interese práctica de prueba». De ello se deduce la intención del Instructor de proseguir el procedimiento, como así ocurrió en cuanto disipó las dudas sobre su inicial competencia, que más avanzada la instrucción declinó. En conclusión, el auto fue un acto idóneo para dirigir el procedimiento contra los denunciados y de prosecución del mismo en los términos que exige el artículo 132.2.1 del Código Penal, por lo que el mismo gozó de virtualidad para interrumpir la prescripción, en atención a lo cual el motivo se va a estimar.

La Sentencia del Tribunal Supremo 794/2016, de 24 de octubre, afirma que la modificación legislativa analizada dio lugar a que la Sala Segunda afirmara que la nueva redacción del artículo 132.2 del Código Penal era aplicable «retroactivamente» pero «solo en lo más beneficioso» para el reo. El nivel de motivación de la resolución judicial para que potencialmente encierre virtualidad interruptora de la prescripción ha de ser analizado **«desde una óptica diferente y con unos estándares no necesariamente idénticos»** si tal resolución se adoptó **antes de la entrada en vigor de la reforma de 2010, en cuanto que ese es un aspecto más procesal que sustantivo.** Lo relevante después de la reforma de 2010, y también antes según la doctrina constitucional, es el dictado de una resolución judicial que no sea «de puro trámite», sino que encierre un «contenido decisorio» que suponga ese «dirigir el procedimiento contra una persona determinada o determinable por unos hechos suficientemente identificados en sus coordenadas básicas y supuestamente delictivos». Eso es **materialmente** lo que exige el artículo 132 del Código Penal tras la reforma de 2010 y lo que en definitiva venía a exigir la jurisprudencia constitucional interpretando el anterior artículo 132 del Código Penal. La redacción del artículo 132 emanada de la reforma de 2010 además de esa esencialidad o sustancialidad que ha de ser predicable de una resolución para que se le anude esa fuerza interruptora, introduce otra **exigencia más formal o exterior: su necesaria motivación,** aunque sea sucinta. Ese requisito adicional ha de proyectar toda su fuerza para las resoluciones dictadas ya bajo la vigencia de tal precepto (aunque con razonabilidad: la motivación por remisión o la que fluye naturalmente del contexto no quedan anatematizadas: no es idéntico ni muchísimo menos el estándar exigible a una decisión de condena que a un acto procesal que se limita a encauzar o dirigir una investigación). En ese concreto punto, más adjetivo que sustantivo, no puede extremarse la eficacia retroactiva de la reforma como ha puesto de manifiesto ya la jurisprudencia de la Sala Segunda. Podría convenirse que hipotéticamente y en abstracto es posible que alguna resolución que en la actualidad no superase las exigencias del actual artículo 132 del Código Penal (una providencia, v. gr.), habiéndose dictado bajo la norma anterior sí encierre esa capacidad de bloquear el transcurso del plazo prescriptivo. Es común a ambos escenarios normativos (antes y después de diciembre de 2010) un «núcleo básico irrenunciable y exigible para todas las resoluciones», las recaídas antes de la reforma y las de fecha posterior: que sean manifestación inequívoca de que el órgano judicial estima que debe investigarse a unas determinadas personas por esa concreta infracción cuyo plazo de prescripción se interrumpe en virtud de esa decisión. La exigencia de una «cierta motivación externa» que rodee la decisión es requisito añadido para las resoluciones dictadas después del 23 de diciembre de 2010. La Sala Segunda se ha pronunciado ya en varias ocasiones sobre esa **aplicación fragmentariamente retroactiva del nuevo artículo 132 del Código Penal** a resoluciones anteriores determinando en qué casos puede entenderse interrumpida la prescripción. Hay que insistir en que en la medida en que en buena parte la norma lo que hace es refrendar una interpretación que efectuó el Tribunal Constitucional sobre la normativa anterior, no podría hablarse en rigor de «retroactividad», sino de «aplicación de la norma anterior según la interpretación derivada de la doctrina constitucional». En este sentido, la Sentencia del Tribunal Constitucional 195/2009, de 28 de septiembre, recordó que la doctrina constitucional había rechazado que fuera respetuosa con los derechos fundamentales la interpretación del artículo 132.2 del Código Penal que considera dirigido el procedimiento contra el culpable y, consecuentemente, interrumpida la prescripción del delito, con la «mera formulación de la denuncia o de la querella» sin que exista un «acto de interposición judicial», pues sólo un acto de quien tiene encomendado el ejercicio del ius puniendi del Estado —esto es, del Juez—, puede considerarse como un «acto de dirección del proceso contra el culpable».

8.3.3. La interrupción de la prescripción cuando concurren una pluralidad de investigados

8.3.3.1. Regla general

La interrupción de la prescripción del delito contra una determinada persona sólo se producirá cuando **recaiga respecto a ella** una resolución judicial motivada que de forma específica la señale como indiciariamente responsable del delito por más que previamente existiera un procedimiento judicial abierto para la investigación del hecho que finalmente se le atribuyó y que hubiera otras personas que ya ostentaran la condición de investigados por haberse dictado respecto a ellos una resolución judicial motivada que les atribuyera participación en el hecho delictivo. Esa **«identificación» y «calificación» por el órgano judicial de una persona es condición para que el tiempo de prescripción deje de continuar computándose** (*ex* Sentencia del Tribunal Supremo 188/2017, de 23 de marzo).

La Sentencia del Tribunal Supremo 562/2022, de 8 de junio, precisa que la reforma operada por la Ley Orgánica 5/2010, de 22 de junio, incide de forma nuclear en la necesidad de que el procedimiento con virtualidad interruptiva del plazo de **prescripción se dirija «contra persona suficientemente determinada»**. Se trata de una fórmula que responde a un discurso axiológico que **prima el alcance individual de la responsabilidad penal** que se decanta de los propios fundamentos culpabilísticos del modelo de intervención, **desterrando en la materia prescriptiva una suerte de «principio de solidaridad» de raigambre civilística. Cada persona debe ser sometida, en su caso, al proceso por razones singulares y, desde luego, en atención a la pervivencia temporal de la acción respecto a cada una.** Si la razón teleológica es que la interrupción del plazo prescriptivo solo puede producirse por una decisión judicial de persecución a partir de un pronóstico determinado de imputación subjetiva, ello arrastra la necesidad de **estanquear plazos prescriptivos respecto a cada uno de los partícipes,** cuando de lo que se trata es de determinar si la acción pervivía al momento en que aquella se ordena.

Una vez el procedimiento se ha dirigido contra los investigados, la eficacia interruptiva de la prescripción que para un concreto investigado o acusado tienen las diligencias realizadas que directamente no le afectan se analizará más adelante con referencia al criterio establecido en la Sentencia del Tribunal Supremo 373/2017, de 24 de mayo, en el punto 9.1.

La **Sentencia del Tribunal Supremo 373/2017, de 24 de mayo,** respecto a una investigación de los delitos y personas responsables en la que se habían venido practicando **diligencias interruptivas de la prescripción,** considera **que aun cuando las mismas «directamente» no afectasen a uno de los acusados** (por dirigirse frente a otros encausados y no requerir su intervención o participación directa) ello implica que la causa estaba activa, y no paralizada, tal y como exige el artículo 132.2 del Código Penal. En el supuesto de paralización del procedimiento, artículo 132.2 del Código Penal, **ante todo es preciso comprobar si efectivamente la causa ha estado paralizada durante el tiempo que se dice, y una vez esté acreditado, ha de comprobarse si esté es superior al señalado por el Código Penal para la prescripción,** bien entendido que la prescripción se interrumpe cuando **se ha llevado a efecto una efectiva actividad judicial que se plasme en actos concretos que produzcan actuaciones del órgano jurisdiccional** encargado de la instrucción o enjuiciamiento. **En efecto, en los casos de «procesos complejos» no es correcto pretender una posición procesal autónoma cuando es precisamente el complejo criminal lo que hace que todos resulten solidarios en el trámite procesal. El sumario es en todo que constituye una unidad de tramitación a cuyas vicisitudes deben someterse todos aquellos están implicados en el mismo. No se puede dividir la causa admitiendo paralizaciones o dilaciones indebidas en la tramitación y excluyéndola para otros acusados** (vid Sentencia del Tribunal Supremo 338/2015, de 2 de junio).

8.3.3.2. Excepciones: delincuencia organizada o por grupos

La fórmula general solo contempla una (relativa) excepción en los supuestos de «delincuencia organizada o por grupos». En estos casos, se produce el efecto interruptivo derivado del inicio del proceso de investigación respecto a personas no identificadas directamente, pero de las que se aporten datos que permitan concretar posteriormente dicha identificación en el seno de la organización o grupo criminal.

Tales datos precursores de la posterior identificación deben, no obstante, en un juicio *ex ante* trazar una suerte de círculo concreto de sospechosos intervinientes. No basta, por tanto, que se afirme que la estructura criminal, grupal u organizada, comporta la participación de terceros no identificados para considerar, sin más, que respecto a estos hipotéticos intervinientes se produce desde la incoación del proceso contra los identificados la interrupción del plazo prescriptivo. Se hace necesario cualificar el juicio de imputación futura a partir de datos que permitan pronosticar de forma razonable que, al tiempo de la incoación del proceso, dichas personas no identificadas ni, in concreto, identificables ya pertenecían a la estructura criminal organizada. Por ejemplo, datos socio-personales de los protoinculpados no identificados —edad, aspecto, nacionalidad, residencia, vínculos personales, laborales, mercantiles, coposesión de instrumentos tecnológicos u armas (en los términos que se contemplan en los artículos 570 bis y 520 ter del Código Penal) utilizados por otros integrantes, etc.— que les vinculen con la trama o con las personas ya identificadas.

En la misma línea de excepción, la Sentencia del Tribunal Supremo 692/2022, de 7 de julio, habla de la **singularidad del cómputo de los plazos de prescripción** cuando se trata de un **delito imputado a miembro de una organización terrorista o grupo criminal, que ha sido subrayada por el propio legislador que**, en el **artículo 132.3 del Código Penal**, recogiendo una jurisprudencia histórica de la Sala Segunda, relajó el alcance de la exigencia impuesta con carácter general al definir cuándo se entiende que el procedimiento se dirige contra el culpable: «... a los efectos de este artículo, la persona contra la que se dirija el procedimiento deberá quedar suficientemente determinada en la resolución judicial, ya sea mediante su identificación directa o mediante datos que permitan concretar posteriormente dicha identificación **en el seno de la organización o grupo de personas a quienes se atribuye el hecho**». Es más que evidente que una equívoca referencia a la colectividad o la delincuencia grupal no puede alterar los fundamentos dogmáticos de la autoría o la participación. Tampoco puede rectificar las reglas generales entroncadas con la esencia misma de la prescripción como instituto extintivo de la responsabilidad criminal. Pero es perfectamente legítimo que la determinación de lo que ha de entenderse por resolución judicial que dirige el procedimiento contra alguien se sujete a una regla interpretativa específica, **a la vista de las dificultades para la investigación de hechos** atribuidos a una organización criminal. **La persona habrá de quedar también debidamente identificada, pero esa identificación puede ser directa o mediante otros datos que permitan una concreción ulterior de la identificación.** Así, el reconocimiento por dos coimputados de la participación de una tercera persona, identificada con su nombre y apellidos e integrada en una organización terrorista, cuando va seguida, como sucedió en el caso analizado, de un informe del Fiscal al que da respuesta una providencia interesando la activación de los procedimientos en que esa identificación puede producir efectos, tiene indudable efecto interruptivo.

La **Sentencia del Tribunal Supremo 984/2013, de 17 de diciembre**, plantea la cuestión de la prescripción en los supuestos de **coautoría**. El argumento de «ad personam» que posibilitaría la condena de uno de los autores y no del otro, por aplicarse tan sólo a este último la prescripción del ilícito, **parece referirse más a la necesidad de una «correcta identificación del autor» en orden al cómputo del plazo de prescripción** y, en concreto, a su **posible interrupción cuando no se encuentre debidamente identificada la persona sospechosa de la comisión del ilícito, que a la duración de ese plazo.** Añade que la **Sala Segunda ya resolvió «este tipo de cuestiones» en el Acuerdo del Pleno no jurisdiccional de fecha 26 de octubre de 2010**, conforme al cual, «Para la aplicación del instituto de la prescripción, se tendrá en cuenta el plazo correspondiente al delito cometido, entendido éste como el declarado como tal en la resolución judicial que así lo pronuncie. En consecuencia, no se tomarán en consideración para determinar dicho plazo aquellas calificaciones jurídicas agravadas que hayan sido rechazadas por el Tribunal sentenciador. Este mismo criterio se aplicará cuando los hechos enjuiciados se degraden de delito a falta, de manera que el plazo de prescripción será el correspondiente a la calificación definitiva de los mismos, como delito o falta. En los delitos conexos o en el concurso de infracciones, se tomará en consideración el delito más grave declarado cometido por el Tribunal sentenciador para fijar el plazo de prescripción del conjunto punitivo enjuiciado». Este Acuerdo **no establece excepción alguna respecto a la circunstancia de que las infracciones enjuiciadas fueran atribuidas a uno u otro acusado y mantiene un criterio rector en el sentido de que el plazo de prescripción aplicable ha de resultar único para todo el procedimiento** pues, a pesar del reconocido carácter material del instituto de la prescripción, en casos como el analizado debe actuar dicha unidad derivada de la naturaleza procesal de la misma que actualmente, conviviendo con la anterior, también subsiste, sosteniéndose, en tal sentido, que el procedimiento ha de considerarse a estos efectos como una unidad, al tratarse de un proyecto único en varias direcciones, no siendo posible, por consiguiente, aplicar la prescripción por separado, cuando hay conexión natural entre los ilícitos, sino que mientras el delito más grave no prescriba tampoco puede prescribir aquel con el que está conectado. Alguna resolución precedente de la Sala Segunda, como la **Sentencia del Tribunal Supremo de 1 de febrero de 1999,** ya adelantaba que en caso de coautoría la prescripción ha de computarse conjuntamente con lo que la no prescripción del delito para un coautor se extiende también al copartícipe. Por su parte, la Sentencia del Tribunal Supremo 26 de marzo de 2013 extiende el régimen de excepción que el Acuerdo fija para los delitos conexos o en régimen de concurso, a las «faltas incidentales».

La Sala Segunda, en el llamado caso Marey, Sentencia del Tribunal Supremo 2/1998, de 29 de junio, sostuvo que cuando no se tratara de un delito cometido por una sola persona o unas pocas, sino por una «colectividad» de sujetos en los que existiera una organización más o menos estructurada o jerarquizada, en la que los miembros más bajos eran más fácilmente conocibles que quienes se mantenían en la sombra como jefes o mandos intermedios, cabía, respecto a éstos, entender que el procedimiento ya se dirige contra ellos cuando la querella o la denuncia admitida a trámite o el procedimiento iniciado de oficio se dirigiera contra esa colectividad, aunque no existiera designación nominal de los responsables criminales, ni otra a través de la cual pudiera llegar a identificarse individualmente.

Más dificultades encuentra el mantenimiento de una antigua doctrina (vinculada al criterio, actualmente superado tras la reforma operada por la Ley Orgánica 5/2010, de 22 de junio, que entendía que con la mera denuncia o querella se producía la interrupción de la prescripción del delito si en las mismas aparecían ya datos suficientes para identificar a los culpables de la infracción penal correspondiente, pues, desde ese momento se dirigía el procedimiento contra el culpable, sin que fuera necesaria, para tal interrupción, resolución judicial alguna de admisión a trámite), conforme a la cual, sobre la base de la doctrina del círculo (totalmente) cerrado de posibles culpables alternativos o, trayendo a colación la Sentencia del Tribunal Supremo de 25 de enero de 1994, caso Ruano, concluía que cuando dadas las características del hecho y los hipotéticos resultados que se pudieran extraer, sólo pudieran haber o existir unas personas perfectamente definidas que hubieran podido cometer la acción sometida a investigación, debía entenderse que el procedimiento ya se estaba dirigiendo contra el culpable.

8.4. Efectos interruptivos de determinadas actuaciones

8.4.1. Efectos interruptivos de la prescripción de las actuaciones desarrolladas en jurisdicciones distintas a la penal

En tanto la prescripción penal supone «una renuncia o autolimitación del Estado al ius puniendi» motivada por el mero transcurso de un periodo de tiempo más o menos dilatado, lógicamente **sólo los órganos que en nombre del Estado ejercen la función de interpretar y aplicar las normas penales** pueden hacerlo en los indicados plazos o, por el contrario, dejar que transcurran sin haber emprendido actuación alguna, con la consiguiente imposibilidad de subsanar las consecuencias derivadas de tal omisión (Sentencia del Tribunal Constitucional 63/2005, de 14 de marzo). El artículo 132.2 del Código Penal, interpretado en la forma que impone su contexto normativo y con el rigor semántico que requiere el ius puniendi, obliga a entender, tal como señala la Sentencia del Tribunal Supremo 753/2005, de 22 de junio, que el único «procedimiento» cuyas actuaciones tienen legalmente la eficacia de interrumpir la prescripción es el propiamente criminal. En este sentido la Sentencia del Tribunal Supremo 1151/1999, de 9 de julio, con cita de la Sentencia del Tribunal Supremo de 4 de junio de 1997, se refiere a la «sumisión a procedimiento judicial». Igualmente la Sentencia del Tribunal Constitucional 63/2005, de 14 de marzo, que identifica como órganos judiciales con habilitación legal para la realización de actos de esa trascendencia a los que «ejercen la función de interpretar y aplicar las normas penales», **y, como marco exclusivo de éstos, al proceso penal** (Sentencia del Tribunal Supremo

671/2006, de 21 de junio). En tanto la prescripción es un instituto con una marcada vertiente material, que impone, entre otros efectos, una obligada **interpretación pro reo**, principio éste que veta interpretaciones extensivas de la norma que operen en su contra, y en esta línea de principio, **ante el tenor literal del artículo 132 del Código Penal** queda patente que el legislador solo ha reconocido virtualidad para interrumpir el plazo de prescripción al proceso penal encaminado a depurar las responsabilidades derivadas del delito, y no a otro (Sentencia del Tribunal Supremo 537/2019, de 5 de noviembre).

De esta forma, la **realización de «actuaciones civiles»** no interrumpe la prescripción penal (Sentencia del Tribunal Supremo 740/1998, de 11 de junio), o quizá de forma más precisa, como principio general, las «actuaciones civiles» no interrumpen la prescripción (ex Sentencia del Tribunal Supremo 1784/2000, de 20 de diciembre, que, sin embargo, analiza un supuesto en el que cede este principio general), o las «reclamaciones de carácter civil», hechas valer al margen de la jurisdicción criminal, carecen de toda virtualidad interruptiva de la prescripción del delito (Sentencia del Tribunal Supremo de 20 de octubre de 2010).

La anterior doctrina ha sido aplicada a diversos supuestos, y entre ellos, a la suspensión del procedimiento penal por la concurrencia de cuestiones prejudiciales devolutivas y a los actos previos de conciliación exigidos para formular querella en determinados casos.

La **Sentencia del Tribunal Supremo 267/2020, de 29 de mayo,** con ocasión de decidir si la suspensión del procedimiento penal por la concurrencia de una **cuestión prejudicial devolutiva** determina que durante ese periodo de latencia lo que exista sea una inactividad a efectos de prescripción:

a) Señala que, en tanto que la prescripción del delito debe ser objeto de una interpretación pro reo que veta interpretaciones extensivas de la norma que operen en su contra, en esta línea de principio, ante el tenor literal del artículo 132 del Código Penal cabría interpretar que el legislador sólo ha reconocido virtualidad para interrumpir el plazo de prescripción al proceso penal encaminado a depurar las responsabilidades derivadas del delito, y no a otro.

Por más que, como ocurre en relación a las cuestiones prejudiciales sustentadas con apoyo en el artículo 4 de la Ley de Enjuiciamiento Criminal, de carácter excepcional en función de la extensión de competencia que proclama el artículo precedente, aquel penda de los resuelto en un procedimiento seguido ante otra jurisdicción. Una pendencia que, desde la óptica del proceso penal y los principios que lo inspiran, habría de ser interpretada como inactividad a efectos de prescripción, con independencia de que a resultas del pronunciamiento recaído en esa otra jurisdicción, en este caso civil, pudiera reanudarse el proceso penal siempre que la prescripción no hubiera operado su fuerza extintiva. El artículo 132 del Código Penal no matiza ni excepciona cuando habla de paralización del proceso ningún supuesto, como si lo hace, a modo de ejemplo, el artículo 134.2 del Código Penal, tras la reforma operada por la Ley Orgánica 1/2015, de 30 de marzo, que regula dos supuestos de suspensión del plazo de prescripción de la pena, zanjando así las dudas que al respecto habían surgido en la doctrina y la jurisprudencia.

b) Reconoce que la jurisprudencia de la Sala Segunda no ha sido unívoca al interpretar la eficacia de cara a la prescripción de actuaciones procesales desarrolladas en jurisdicciones distintas de la penal. Así, se pueden citar algunos pronunciamientos no coincidentes:

– La Sentencia del Tribunal Supremo 1784/2000, de 20 de diciembre, reconoció virtualidad para interrumpir la prescripción a la tramitación de la pieza quinta del procedimiento universal de quiebra, a los efectos de integrar el requisito de procedibilidad penal del artículo 520 del Código Penal de 1973. Decisión que quedó respaldada al haberse dictado antes del transcurso del plazo extintivo una resolución judicial de impulso.

– También se pronunció en ese sentido la Sentencia del Tribunal Supremo 312/2006, de 14 de marzo, que entendió interrumpida la prescripción por una cuestión de prejudicialidad contencioso-administrativa planteada en términos del artículo 4 de la Ley de Enjuiciamiento Criminal, pues no implicaba paralización sino una mera suspensión.

– En otro sentido, el Auto del Tribunal Supremo 201/2015, de 19 de febrero, negó eficacia disruptiva a las actuaciones encaminadas a conseguir la previa declaración por el juez civil de la quiebra como fraudulenta, que según reiterada doctrina jurisprudencial de la Sala Segunda operaba como presupuesto de procedibilidad respecto al delito del artículo 520 del Código Penal de 1973.

– La Sentencia del Tribunal Supremo 1689/1988, de 28 de junio, se la negó también a los mismos efectos, precisamente en relación a un delito de alzamiento de bienes, al previo ejercicio de acciones, primero ejecutivas y después declarativas, instadas por el querellante antes de decantarse por el ejercicio de la acción penal.

– La Sentencia del Tribunal Supremo 537/2019, de 5 de noviembre, negó **efectos disruptivos de la prescripción en relación al delito de calumnias e injurias, al intento del acto previo de conciliación**, y en el mismo sentido se pronunció la Sentencia del Tribunal Supremo 944/1992, de 18 de marzo.

c) A la hora de abordar el supuesto sometido a decisión, la Sala Segunda puso de manifiesto que no se trataba de un supuesto en el que se planteó una cuestión prejudicial en los términos y con los efectos establecidos en el artículo 4 de la Ley de Enjuiciamiento Criminal en el sentido de que el tribunal valora su procedencia y acuerda la suspensión del procedimiento hasta la resolución por la jurisdicción competente, sino de un caso diverso. Efectivamente, el tribunal, aun mencionando los artículos 3 y 4 de la Ley de Enjuiciamiento Criminal en su fundamentación jurídica, por ser necesario conocer el resultado del pleito civil entablado entre las partes, sin embargo, no se descantó por «plantear una cuestión prejudicial devolutiva», sino que, dispuso fue el «sobreseimiento provisional mientras se producía tal desenlace procesal», y con él, el archivo de las actuaciones, declinando a partir de ese momento la iniciativa respecto al **control de su eventual reactivación**. La Sala Segunda advirtió que una cosa es el planteamiento de una «cuestión prejudicial devolutiva», en la que el proceso pende, está vivo, en situación de latencia que permite al órgano judicial ejercer un control que evite que la reactivación del proceso se abandone exclusivamente a la iniciativa de las partes, y compromete a éstas a actuar en consecuencia, y otra cosa, disponer el sobreseimiento provisional de las actuaciones, que determina el «cese» del procedimiento y excluye necesariamente que lo actuado con posterioridad tenga virtualidad interruptiva de la prescripción, pues esta interrupción sólo puede derivar de actos procesales que signifiquen una efectiva «prosecución» del procedimiento contra los culpables. Finalmente, la Sala Segunda añade un elemento de juicio adicional, pues afirma que en el supuesto en cuestión no existía necesidad de conocer la sentencia que recayera en el procedimiento ejecutivo civil pues cuando se ejerció la acción penal ya se contaba con todos los datos en los que se asentaba la tipicidad de los hechos objeto de la misma y para determinar el alcance de las posibles implicaciones de los hechos era autosuficiente la jurisdicción penal ex artículo 3 de la Ley de Enjuiciamiento Criminal, hasta el punto de resultar innecesario el conocimiento de lo actuado en el proceso civil. De este modo, la paralización del procedimiento penal fue innecesaria, a cuyo efecto no debe olvidarse que el tribunal no planteó la cuestión prejudicial con los presupuestos y alcance que derivan del artículo 4 de la Ley de Enjuiciamiento Criminal.

La **Sentencia del Tribunal Supremo 537/2019, de 5 de noviembre,** afirma que la Sala Segunda ha tenido ocasión de pronunciarse respecto a capacidad del **intento de conciliación para interrumpir la prescripción**. Y si bien es cierto que en algunas resoluciones reconoció tal virtualidad (Sentencias del Tribunal Supremo 817/1960, de 27 de octubre, 751/1977, de 25 de mayo, 1627/1989, de 23 de mayo, y 1063/1993, de 30 de marzo), lo fue en una aplicación supletoria de la legislación civil, en concreto, de los artículos 1947 del Código Civil y 479 de la Ley de Enjuiciamiento Civil de 1881, en cuanto que supeditaba sus efectos a que la querella se presentara antes de que transcurrieran dos meses a contar del acto de conciliación. Sin embargo la Sentencia del Tribunal Supremo 944/1992, de 18 de marzo, rompió tal línea jurisprudencial, afirmando la actual interpretación estrictamente penalista y de Derecho sustantivo de la prescripción, trata de emanciparla de criterios privatistas, de modo que siendo la prescripción una causa extintiva de la responsabilidad, a los términos de la regulación penal hemos de atenernos y si el artículo 114 del Código Penal dice que la prescripción se interrumpirá desde que el procedimiento se dirija contra el culpable, el acto de conciliación, si bien necesario para presentar la querella por calumnia o injuria (artículo 804 de la Ley de Enjuiciamiento Criminal), se muestra ajeno al inicio del procedimiento contra el culpable. Finalmente, en toda esta materia, es norma interpretativa consolidada por la doctrina del Tribunal Constitucional y de la Sala Segunda que debe actuarse con criterios pro reo (Sentencia del Tribunal Constitucional 157/1990, de 18 de octubre, y Sentencia del Tribunal Supremo de 6 de abril de 1990, entre otras). Ciertamente, la alusión al artículo 114 lo es del Código Penal de 1973, si bien el actual es tributario de aquel en lo que al régimen de cómputo e interrupción de la prescripción se refiere. Por otro lado, que la prescripción es un instituto con una marcada vertiente material, que impone, entre otros efectos, una obligada interpretación pro reo, no admite discusión en la actual jurisprudencia. Y precisamente ese principio veta interpretaciones extensivas de la norma que operen en su contra. En esta línea de principio, ante el tenor literal del artículo 132 del Código Penal queda patente que el legislador solo ha reconocido virtualidad para interrumpir el plazo de prescripción al proceso penal encaminado a depurar las responsabilidades derivadas del delito, y no a otro. Por más que, como ocurre con la preceptiva licencia del Tribunal que conociera de la causa en el caso de las calumnias proferidas en juicio, el ejercicio de la acción penal por el agraviado este supeditado a la actuación de otros órganos judiciales. El Tribunal Constitucional ha perfilado el alcance de la licencia judicial a la que se refiere el artículo 215.2 del Código Penal para señalar que, aunque en cierta medida opere como restricción del derecho a la tutela judicial efectiva, ésta resulta constitucionalmente fundada en la medida en que con ella se trata de proteger a quienes han comparecido en un proceso frente a los perjuicios que una causa penal pudiera originarles como consecuencia de las manifestaciones realizadas o expresiones vertidas en el mismo para la defensa de sus intereses y pretensiones. Responde a la necesidad de asegurar la defensa en términos adecuados, sin el temor de la incoación de un proceso penal indebido (Auto del Tribunal Constitucional 1026/1086, de 3 de diciembre, y Sentencias del Tribunal Constitucional 100/1987, de 12 de junio, y 36/1998, de 17 de febrero). Ahora bien, ha aclarado que no cabe ver en tal licencia «un pronunciamiento explícito o implícito sobre la culpabilidad o inculpabilidad penal de una determinada conducta, que sustraiga el conocimiento al orden jurisdiccional que legalmente tiene atribuida esta competencia, sino sólo la denegación de un presupuesto para abrir el proceso penal en el que luego habría de concretarse con plenitud la eventualidad de dicha clase de responsabilidad...» (Sentencia del Tribunal Constitucional 100/1987, de 12 de junio). Es decir, se trata de una decisión judicial fruto de la ponderación de los intereses en juego encaminada a preservar el derecho de defensa de los que intervienen en un proceso, que no es asimilable al acto de dirección del procedimiento idóneo para interrumpir la prescripción. El que aprecia motivos que conforman la apariencia de un hecho con caracteres de delito, en este caso de calumnias, y de la participación de la persona querellada en el mismo, de manera que quede justificada la incoación de un procedimiento para su averiguación en el que se atribuya a ésta la condición de investigada. El acto de «interposición judicial» del que habló el Tribunal constitucional, reservado al Juez o Tribunal competente para el conocimiento del proceso penal encaminado al esclarecimiento de los hechos, y no a aquel en cuyo curso se vertieron las expresiones que se reputan calumniosas, al que no se pide valoración sobre el alcance penal de los mismos, y que en muchas ocasiones no pertenecen al orden jurisdiccional penal. El pronunciamiento judicial con virtualidad para interrumpir la prescripción o, en su caso, rehabilitar el efecto disruptivo de la presentación de la denuncia o querella, generalmente será el que acuerde su admisión Es cierto que la Sala Segunda, entre otras en la Sentencia del Tribunal Supremo 226/2017, de 31 de marzo, ha afirmado que «no solo gozan de esa cualidad los autos que admiten a trámite una denuncia o querella a los que se refiere el artículo 132 del Código Penal en otros apartados, sino otras resoluciones judiciales diversas que por su propia naturaleza exigen una ponderación de los motivos que permiten sostener que se ha cometido un hecho delictivo y atribuir a una persona determinada participación en el mismo». Sin embargo, la cita no puede ser sacada de contexto, pues a continuación se enumeran las resoluciones que pueden producir ese efecto tales como «el auto de intervención telefónica, el que autoriza un registro domiciliario, o el que ordena una detención, entre otros, son actos judiciales potencialmente aptos para interrumpir la prescripción, en tanto que manifiestan una resolución judicial motivada en la que se atribuye a un sospechoso su presunta participación en el hecho delictivo que se encuentra siendo investigado o que va a serlo». Es decir, en todos los casos, pronunciados en el curso del proceso incoado a razón del delito, nunca en otro. Aunque la licencia judicial que opera como requisito de procedibilidad responde a la iniciativa de la parte agraviada, que en principio se muestra interesada en dar curso al proceso, no puede asimilarse tampoco a los escritos de denuncia y querella. Pues no solo no se formulan ante el órgano competente para el conocimiento de aquel, sino que ni siquiera comporta un compromiso de efectivo ejercicio de las acciones penales. La Sala Segunda se pronunció sobre la cuestión en el Auto del Tribunal Supremo 201/2015, de 19 de febrero (recurso 1813/2014), aunque no se pronunció expresamente sobre la cuestión, no reconoció virtualidad para interrumpir la prescripción a las actuaciones encaminadas a conseguir la previa declaración por el Juez civil de la quiebra como fraudulenta, que según reiterada doctrina jurisprudencial de esta Sala operaba como presupuesto de procedibilidad respecto al delito del artículo 520 del Código Penal de 1973. **En atención a lo expuesto debe concluirse que ni el acto de conciliación, ni las actuaciones encaminadas a obtener la licencia judicial a que se refiere el artículo 215 del Código Penal gozan de eficacia para interrumpir la prescripción.** Y ello, aunque tal prescripción no pueda atribuirse a la inactividad de la parte, que revele la voluntad de ejercitar acciones penales, pues considerada la prescripción institución fundada en razones de orden público, interés general o de política criminal que se reconducen al principio de necesidad de la pena, **su apreciación queda condicionada a concurrencia de los presupuestos objetivos sobre los que se asienta, inactividad procesal y transcurso del tiempo legalmente fijado, al margen de cualquier referencia a la conducta procesal del titular de la acción penal.** Y esta concepción de la prescripción que enfatiza su carácter sustantivo o material ha sido desde antiguo seguida por esta Sala como más acorde con la finalidad del proceso penal (entre otras de Sentencias del Tribunal Supremo 955/1986, de 27 de junio de 1986 y 1699/1988, de 28 de junio) una doctrina hoy consolidada (Sentencias del Tribunal Supremo 312/2005, de 9 de marzo, 414/2015, de 6 de julio, 762/2015, de 30 de noviembre, 105/2017, de 21 de febrero, 226/2017, de 31 de marzo, 662/2018, de 17 de diciembre, o 747/2018, de 14 de febrero 2019).

8.4.2. Efectos interruptivos de la actuación investigadora del Ministerio Fiscal

No interrumpe la prescripción la **actuación investigadora del Ministerio Fiscal extramuros del proceso**, Sentencias del Tribunal Supremo 672/2006, de 19 de junio, y 649/2018, de 14 de diciembre.

Más dudas genera la atribución de efecto interruptivo al Decreto dictado por el Ministerio Fiscal que incoa el expediente *ex* artículo 16.1 de la Ley Orgánica 5/2000, de 12 de enero, reguladora de la responsabilidad penal de los **menores**, o al Auto por el que el juez de menores abre el trámite de audiencia *ex* artículo 33 de la Ley Orgánica 5/2000, de 12 de enero, reguladora de la responsabilidad penal de los menores, o al Auto por el que el juez de menores inicia las diligencias de trámite correspondientes *ex* artículo 16.3 de la Ley Orgánica 5/2000, de 12 de enero, reguladora de la responsabilidad penal de los menores. También se ha afirmado que mediante la remisión del expediente por el Ministerio Fiscal al Juzgado de Menores *ex* artículo 30.1 de la Ley Orgánica 5/2000, de 12 de enero, reguladora de la responsabilidad penal de los menores, se produciría la suspensión del plazo de prescripción por seis meses conforme al artículo 132.2 párrafo 2.º del Código Penal, hasta que el Juzgado de Menores disponga alguna de las decisiones del artículo 33 de la Ley Orgánica 5/2000, de 12 de enero, reguladora de la responsabilidad penal de los menores, que no sea la de sobreseimiento. **La cuestión aparece mencionada en la Sentencia del Tribunal Supremo 573/2024, de 6 de junio.**

Ahora bien, el **artículo 132.4 del Código Penal**, introducido por la Ley Orgánica 9/2021, de 1 de julio, señala que «En los procedimientos cuya investigación haya sido asumida por la **Fiscalía Europea**, la prescripción se interrumpirá: a) cuando se dirija la investigación contra una persona determinada, suficientemente identificada, en los términos del apartado anterior, y así quede reflejado en un Decreto motivado. b) cuando se interponga querella o denuncia ante la Fiscalía Europea en la que se atribuya a una persona determinada su presunta participación en un hecho que pueda ser constitutivo de delito, resultando de aplicación la regla 2.ª del apartado 2 de este artículo».

8.4.3. Efectos interruptivos de la deducción de testimonio

La **deducción de testimonio de particulares acordada por el órgano enjuiciador del procedimiento penal en la que se identifica la persona contra la que se dirige** determina que el procedimiento se incoara nominalmente y debe considerarse como de **interrupción de la prescripción** (Sentencia del Tribunal Supremo 879/2002, de 17 de mayo). La Sentencia del Tribunal Supremo 80/2011, de 8 de febrero, da valor interruptivo de la prescripción a la providencia en la que el **juez de instrucción** acuerda que se deduzca testimonio de todo lo actuado y se abran diligencias previas contra dos agentes en el curso de una causa seguida por un delito contra la seguridad del tráfico en la que le investigado por este ilícito había formulado denuncia contra los agentes que le detuvieron y esta denuncia había sido unida a la causa disponiendo estar a lo acordado.

Cuestión distinta es que la deducción de testimonio la realice un órgano judicial de otra jurisdicción. La Sentencia del Tribunal Supremo 220/1999, de 12 de febrero, afirma que «Una deducción de testimonios de la jurisdicción civil no puede nunca interrumpir la prescripción porque no constituyen procedimiento contra el culpable».

9

SEGUNDO MOMENTO EN QUE PUEDE PRODUCIRSE LA PRESCRIPCIÓN DEL DELITO: PARALIZACIÓN DEL PROCEDIMIENTO PENAL YA INICIADO

9.1. Características de las actuaciones procesales que producen la interrupción de la prescripción

Una vez que el procedimiento ya se dirigió contra los culpables, las actuaciones procesales a través de las cuales el procedimiento va avanzando y se va desarrollando a través de sus trámites correspondientes, estén o no personados en el proceso tales imputados, forzosamente han de considerarse relevantes para interrumpir la prescripción (Sentencia del Tribunal Supremo 263/2005, de 1 de marzo).

La casuística jurisprudencial relacionada con la interpretación de lo que debe entenderse por «acto interruptivo» conoce pronunciamientos bien recientes que han reconocido que esa delimitación no ha sido, desde luego, cuestión pacífica. Es el caso de la **Sentencia del Tribunal Supremo 177/2022, de 24 de febrero**, que afirma que, tanto en el ámbito de la jurisprudencia constitucional, como en el terreno de la dogmática, las opiniones son discrepantes. Sin embargo, más allá de la justificada polémica en supuestos de naturaleza controvertida, lo cierto es que la doctrina de la Sala Segunda es harto conocida en el sentido de que **las resoluciones o diligencias que se practiquen en una causa,** para tener virtualidad interruptiva, han de poseer un contenido sustancial propio de la puesta en marcha y prosecución del procedimiento demostrativas de que la investigación o tramitación avanza y progresa, consumiéndose las sucesivas etapas previstas por la ley o que demanden principios constitucionales o normas con influencia en derechos fundamentales de naturaleza procesal, superando la inactividad y la paralización (Sentencia del Tribunal Supremo 692/2022, de 7 de julio). Han de ser actos procesales dotados de **auténtico contenido material o sustancial**, entendiendo por tales los que implican efectiva prosecución del procedimiento, haciendo patente que **el proceso avanza y se amplía consumiéndose las distintas fases o etapas** (Sentencia del Tribunal Supremo 429/2021, de 20 de mayo). Consecuentemente, carecen de virtualidad interruptiva las «diligencias banales, inocuas o de mero trámite» que no afecten al curso del procedimiento (Sentencia del Tribunal Supremo 94/2008, de 15 de febrero).

La **Sentencia del Tribunal Supremo 975/2010, de 5 de noviembre**, que cita la Sentencia del Tribunal Supremo 1097/2004, de 7 de septiembre, que afirma que la prescripción opera por la paralización del procedimiento sin tener en cuenta quien ha omitido su impulso y la misma es relevante siempre y cuando no consten **diligencias o actividad procesal** trascendente con eficacia para entender que dicha paralización ha sido interrumpida, precisa que **tienen virtualidad interruptiva: a) las actuaciones practicadas con fines de investigación sumarial; y b) las actuaciones de ordenación del procedimiento.**

La **Sentencia del Tribunal Supremo 373/2017, de 24 de mayo**, respecto a una investigación de los delitos y personas responsables en la que se habían venido practicando **diligencias interruptivas de la prescripción**, considera **que aun cuando las mismas «directamente» no afectasen a uno de los acusados** (por dirigirse frente a otros encausados y no requerir su intervención o participación directa) ello implica que la causa estaba activa, y no paralizada, tal y como exige el artículo 132.2 del Código Penal. En el supuesto de paralización del procedimiento, artículo 132.2 del Código Penal, **ante todo es preciso comprobar si efectivamente la causa ha estado paralizada durante el tiempo que se dice, y una vez esté acreditado, ha de comprobarse si esté es superior al señalado por el Código Penal para la prescripción,** bien entendido que la prescripción se interrumpe cuando **se ha llevado a efecto una efectiva actividad judicial que se plasme en actos concretos que produzcan actuaciones del órgano jurisdiccional** encargado de la instrucción o enjuiciamiento. En efecto, en los casos de «procesos complejos» no es correcto pretender una posición procesal autónoma cuando es precisamente el complejo criminal lo que hace que todos resulten solidarios en el trámite procesal. El sumario es en todo que constituye una unidad de tramitación a cuyas vicisitudes deben someterse todos aquellos están implicados en el mismo. No se puede dividir la causa admitiendo paralizaciones o dilaciones indebidas en la tramitación y excluyéndola para otros acusados (vid Sentencia del Tribunal Supremo 338/2015, de 2 de junio).

9.2. Las actuaciones practicadas con fines de investigación sumarial

La Sentencia del Tribunal Supremo 70/2022, de 27 de enero, con carácter general, la doctrina y la jurisprudencia de esta Sala vienen señalando que las actuaciones con capacidad de interrupción han de cumplir **dos requisitos**. El primero de ellos que dichos actos han de **estar vinculados con un procedimiento penal**, careciendo de tal característica tanto las actuaciones que no forman parte de dicho procedimiento (por ejemplo, las indagaciones realizadas por la policía o la Fiscalía no ordenadas por el Juez y a excepción de diligencias practicadas ante la Fiscalía Europea conforme a lo dispuesto en el artículo 132.4 del Código Penal introducido por Ley Orgánica 9/2021, de 1 de julio) como la actividad procesal carente de contenido penal (por ejemplo, las relacionadas únicamente con la responsabilidad civil). Junto a ello, dichas actuaciones han de **poder valorarse como constitutivas de auténtica persecución**, lo cual, partiendo del fundamento que justifica la existencia de la figura de la interrupción, se atribuye a aquellos actos procesales cuyo contenido resulta idóneo para la investigación de una presunta infracción penal, de ahí que carezcan de dicha capacidad aquellas diligencias que poseen un contenido meramente formal o de trámite. **Como consecuencia de ello, como regla general, tienen capacidad interruptora todas aquellas decisiones judiciales que ordenan la práctica de cualquier clase de diligencia de investigación.**

Deben realizarse algunas consideraciones adicionales:

a) La Sentencia del Tribunal Supremo 456/2014, de 5 de junio, precisa que «**no deben tenerse únicamente en cuenta** las diligencias interruptivas que se refieran específicamente a los acusados, ya imputados desde el inicio de la causa, **sino que** tendrían eficacia interruptiva todas aquellas decisiones judiciales acordadas en el procedimiento judicial **tendentes al esclarecimiento de los hechos objeto de la causa que revisten caracteres de delito y a la determinación de las personas responsables, acumulando pruebas que justifiquen su intervención en el delito, así como todas las circunstancias que puedan influir en la calificación penal y culpabilidad de los partícipes** en cuyo concepto se incluirían todas las diligencias encaminadas a estos fines. Cierto es que los actos procesales de interrupción han de hallarse dotados de auténtico contenido material o sustancial, es decir, aquellos que implican efectiva prosecución del procedimiento, haciéndose patente que el proceso avanza y se amplía consumiéndose las distintas fases o etapas. Conforme a tal afirmación carecerían de virtualidad interruptiva las diligencias banales, inanes o de mero trámite que no afecten al curso del procedimiento».

b) Ciertamente, las diligencias «inocuas» o «vacuas» no interrumpen la prescripción, pero cabe plantearse si tienen tal condición aquellas diligencias de instrucción que fueron acordadas pero que no fueron llevadas a cabo «por deficiencias en su gestión» o que acordadas «no se practicaron» y «no se cumplimentaron», y ello a la vista, además de la necesidad de interpretar restrictivamente las causas de interrupción de la prescripción.

La Sentencia del Tribunal Supremo 726/2020, de 11 de marzo de 2021, da respuesta a esta cuestión y afirma que **la evaluación de la «trascendencia» de una diligencia a los efectos de interrupción de la prescripción:**

- No puede hacerse en un juicio *ex post*;
- **No depende de la real necesidad de la diligencia;**
- No se puede discriminar a esos fines entre diligencias útiles y diligencias inútiles;
- Los déficits de gestión del órgano judicial (frustrando la diligencia acordada) no despojan a la diligencia ordenada de su eficacia interruptora de la prescripción.

Interrumpen la prescripción todas las actuaciones tendentes a esclarecer los hechos, con independencia de que no lo consigan o de que, a la postre, resulten estériles o improductivas o impracticables. Lo determinante es que sean manifestación de que el proceso está vivo, de que la investigación abierta prosigue.

La prescripción no se ve interrumpida solo por las diligencias trascendentes para el resultado final del proceso; ni solo por las diligencias que se revelan como útiles; ni solo por aquéllas que arrojan resultados fecundos; ni solo por las que efectivamente pueden llevarse a cabo. La citación a declarar a un testigo interrumpe la prescripción, aunque la diligencia resulte finalmente fallida. También cuando luego se razona y se razona de forma convincente que esa citación era prescindible. La petición de un **informe pericial** que se reputa *ex ante* conveniente interrumpe la prescripción, aunque luego no pueda llegar a elaborarse o, aunque el perito acabe por concluir que no es posible el peritaje que se le solicitó. No se puede discriminar a esos fines entre diligencias útiles y diligencias inútiles. Y, desde luego, los déficits de gestión del órgano judicial (frustrando la diligencia acordada) no despojan a la diligencia ordenada de su eficacia interruptora de la prescripción. **No puede deducirse de ese cuerpo de doctrina establecido por la Sala Segunda que si las diligencias resultan fallidas pierden esa eficacia.**

Como concretas actuaciones procesales que determinan la interrupción del plazo de prescripción del delito se pueden citar:

- El **supuesto más característico** de actuación con finalidad de investigación sumarial que interrumpe la prescripción es la **citación y toma de declaración en concepto de imputado ante el juez de instrucción** (Sentencia del Tribunal Supremo 624/2021, de 14 de julio, con cita de las Sentencias del Tribunal Supremo 1017/2007, de 15 de noviembre, 876/2014, de 29 de mayo, y 226/2017, de 31 de marzo) (como señala la Sentencia del Tribunal Supremo 628/2013, de 10 de julio, es claro que deben valorarse de esta forma los actos judiciales de inculpación, así como otras decisiones judiciales que supongan atribuir a una persona determinada el status de imputado en relación con unos determinados hechos, como la citación para declarar en tal concepto).

La Sentencia del Tribunal Supremo 80/2011, de 8 de febrero, respecto a una **providencia** que acordaba la toma de declaración de dos personas como investigados manifestó que no era de «mero trámite», sino que se trataba de un «acto de interposición judicial» que determinaba que se abriera o se dirigiera el procedimiento contra ciertos sujetos, y además, acorde con la redacción otorgada por la Ley Orgánica 5/2010, de 22 de junio, al artículo 132 del Código Penal, en cuanto resolución judicial motivada posterior a la incoación de la causa en la que se le atribuye a una persona su presunta participación en un hecho que pueda ser constitutivo de delito. La Sentencia del Tribunal Supremo 119/2022, de 10 de febrero, desestima el argumento defensivo que refería que la providencia que se limita, sin más, a la citación de una persona para prestar declaración como investigada en cierta fecha no es un acto de dirección del procedimiento contra ésta, pues dicha resolución, que atendía a la imputación realizada por la acusación pública, y con mayor efectividad, la declaración, se configuran como una actuación procesal de carácter sustancial que encamina la dirección del proceso de investigación contra una persona determinada, o susceptible de ser determinada, de forma inequívoca de manera que conoce el contenido de la imputación y puede actuar el derecho de defensa que le corresponde como imputado. El acto de la declaración, con la condición de imputado que se le transmite, supone una inculpación de una persona que actúa el contenido de los derechos que como imputado le corresponden, con asistencia letrada y con personación en la causa para la actuación en su derecho.

La Sentencia del Tribunal Supremo 215/2020, de 22 de mayo, analiza detalladamente el valor interruptor de la prescripción que tiene la citación. Se reconoce eficacia interruptiva a actos de citación, como señala la Sentencia del Tribunal Supremo 760/2014, de 20 de noviembre, cuando dice que, por tanto, debe considerarse bastante la citación a declarar en concepto de imputados, consecuente con la atribución de posibles responsabilidades en una acción delictiva, y sobre todo al recibirles las primeras declaraciones que demuestran que estaban informados de que se les oía como posibles imputados en la ejecución de algún hecho delictivo, suficientemente individualizado en sus rasgos caracterizadores deben tener eficacia las actuaciones llevadas a cabo en el procedimiento, ya que son las que se podían hacer para poder tomarle declaración en calidad de querellado. La Sentencia del Tribunal Supremo 456/2014, de 5 de junio, se afirma, además, que la hipótesis que nos concierne es la mencionada en segundo término, y en este sentido no deben tenerse únicamente en cuenta las diligencias interruptivas que se refieran específicamente a los acusados, ya imputados desde el inicio de la causa, sino que tendrían eficacia interruptiva todas aquellas decisiones judiciales acordadas en el procedimiento judicial tendentes al esclarecimiento de los hechos objeto de la causa que revisten caracteres de delito y a la determinación de las personas responsables, acumulando pruebas que justifiquen su intervención en el delito, así como todas las circunstancias que puedan influir en la calificación penal y culpabilidad de los partícipes en cuyo concepto se incluirían todas las diligencias encaminadas a estos fines. Cierto es que los actos procesales de interrupción han de hallarse dotados de auténtico contenido material o sustancial, es decir, aquellos que implican efectiva prosecución del procedimiento, haciéndose patente que el proceso avanza y se amplía consumiéndose las distintas fases o etapas.

Algunas resoluciones más antiguas (y anteriores a la reforma del Código Penal operada por la Ley Orgánica 5/2010, de 22 de junio), como es el caso de la Sentencia del Tribunal Supremo 751/2003, de 28 de noviembre, entendieron que bastaba con la aparición del dato incriminador en las actuaciones o con la imputación realizada por un testigo o un coimputado, aunque no se haya dictado una resolución judicial que, recogiendo ese dato, cite como imputada a una persona (Sentencia del Tribunal Supremo 17/2005, de 3 de febrero, que cita las Sentencias del Tribunal Supremo de 30 de diciembre de 1997, 9 de julio de 1999, 16 de julio de 1999 y 4 de junio de 1997). La más reciente Sentencia del Tribunal Supremo 628/2013, de 10 de julio, refiere esta doctrina, pero lo hace para no aplicarla al caso concreto por entender que no puede tenerse por tal hecho la mera referencia que una de las querelladas realiza respecto a una amiga suya con la que tenía una cuenta a la que había ingresado determinadas prestaciones, o la petición del querellante para que se interese de un Complejo hospitalario la documentación relativa a la esa persona por un accidente, o la contestación a esa pretensión realizada por el complejo hospitalario en la que se refiere los antecedentes documentales que obran en el Complejo de la persona cuya información se solicitaba junto a otras muchas.

– El **auto de intervención telefónica**, al tratarse de un acto potencialmente apto para interrumpir la prescripción, en tanto que manifiesta una resolución judicial motivada en la que se atribuye a un sospechoso su presunta participación en el hecho delictivo que se encuentra siendo investigado o que va a serlo (Sentencia del Tribunal Supremo 885/2012, de 12 de noviembre).

– El **auto que autoriza un registro domiciliario**, al tratarse de un acto potencialmente apto para interrumpir la prescripción, en tanto que manifiesta una resolución judicial motivada en la que se atribuye a un sospechoso su presunta participación en el hecho delictivo que se encuentra siendo investigado o que va a serlo (Sentencia del Tribunal Supremo 885/2012, de 12 de noviembre).

– El **auto que ordena una detención**, al tratarse de un acto potencialmente apto para interrumpir la prescripción, en tanto que manifiesta una resolución judicial motivada en la que se atribuye a un sospechoso su presunta participación en el hecho delictivo que se encuentra siendo investigado o que va a serlo (Sentencia del Tribunal Supremo 885/2012, de 12 de noviembre).

En los tres anteriores supuestos para que exista una resolución judicial que atribuya (al indiciariamente responsable) su presunta participación en un hecho delictivo, y por ello, con eficacia interruptiva de la prescripción, debe estar motivada, o lo que es lo mismo, debe «atribuir» al sospechoso la presunta comisión de un delito que proceda investigar por tales medios, aquél debe encontrarse nominalmente determinado, y el hecho debe haber sido inicialmente calificado (*ex* Sentencia del Tribunal Supremo 885/2012, de 12 de noviembre).

– La **emisión de una Orden de Detención y Entrega Europea** interrumpe la prescripción del delito, pues implica una activación del proceso, se activa la persecución y refuerza la imputación de la persona sobre la que recae, y en relación a su importancia, sistemática o naturaleza, son predicables ad maiorem ratio, los criterios juris- prudenciales en virtud de los cuales se concluye que la solicitud de extradición interrumpe la prescripción. Ciertamente, la emisión de la Orden de Detención y Entrega Europea, no conlleva que el sujeto sobre el que recae esté localizado, pero aun así, la Orden de Deten- ción y Entrega Europea integra una resolución judicial autónoma tendente a privar de libertad a una persona o al menos que reste sometido a medidas cautelares que determinen su disponibilidad a favor de una autoridad judicial de un Estado de la Unión; resolución donde ya resultan cumplimentados todos los requisitos necesa- rios para que esa persona sea entregada al Juzgado o Tribunal emisor, en el momento que fuere localizado; donde en ese momento ya no se precisa resolución judi- cial ulterior sino la remisión a la autoridad judicial com- petente del Estado de ejecución, para su tramitación del formulario existente desde la emisión de la Orden de Detención y Entrega Europea traducido a alguno de los idiomas admitidos por ese Estado (Sentencia del Tribu- nal Supremo 41/2021, de 21 de enero).

– La **emisión de una petición de extradición** interrumpe la prescripción. Es indudable que una petición de extra- dición desplegada de acuerdo con el procedimiento exi- gible, oportunamente fijado en la norma, que cumple además los presupuestos y garantías preconcebidos por ambos Estados en el ejercicio de su potestad sobe- rana y que, no adoleciendo de defectos sustanciales, ha sido tramitada a través de los órganos específicamente habilitados a tal fin, constituye una actuación material de dirección del proceso contra el presunto responsa- ble. La Sentencia del Tribunal Supremo 297/2013, de 11 de abril, reitera contenidos de la Sentencia del Tribu- nal Supremo 851/2012, de 24 de octubre. Esta última resolución procedió a establecer las diferencias entre la extradición y la orden de busca y captura en aspectos tales como: a) su importancia, en la medida en que toda extradición es una decisión de ámbito supranacional que afecta, cuando menos, a dos Estados (requirente y requerido) con actuación efectiva tanto de sus órga- nos judiciales, como de sus Gobiernos, que, necesaria- mente, rebasa en importancia el ámbito de la simple orden de busca y captura, incluso cuando esta última se tramite bajo el mecanismo reforzado de la requisitoria, prevista para el procedimiento contra reos ausentes en los artículos 834 y siguientes de la Ley de Enjuiciamiento Criminal; b) su sistemática, pues aunque es cierto que en ocasiones la Sala Segunda ha negado que la orden de busca y captura pueda tenerse por diligencia que, por sí misma, pueda tildarse de «sustancial» e interrumpir los plazos de prescripción (entre otras muchas, las Sentencias del Tribunal Supremo 1250/2011, de 22 de noviembre, y 66/2008, de 4 de febrero de 2009, y las Sentencias del Tribunal Supremo de 5 de enero de 1998 y 10 de marzo de 1993), no lo es menos que la equiparación entre extradición y orden de busca y captura no resulta aceptable, y no sólo por el hecho de que ambas actuaciones cuentan con resortes específicos en la Ley de Enjuiciamiento Criminal, separados entre sí bajo los respectivos Títulos VI («del procedimiento para la extradición») y VII («del procedimiento contra reos ausentes») del Libro IV, dedicado a los «procedimientos especiales»; c) su naturaleza, que es lo que impide equiparar una orden de busca y captura a la solicitud extradicional, pues la primera no precisa de ese componente transnacional que, sin embargo, resulta inherente a la segunda; d) el (Des)conocimiento del paradero, pues en la naturaleza de la orden de busca y captura subyace precisamente el desconocimiento del concreto paradero del individuo afectado, siendo la ignorancia de este extremo lo que justifica su emisión, según se desprende de las causas que para su adopción respecto del requisitoriado articula el artículo 835 de la Ley de Enjuiciamiento Criminal, mientras que, por el contrario, la extradición parte de la base de la aportación por el Estado solicitante de un cúmulo de datos que no sólo permitan la perfecta identificación del sujeto sobre el cual se vierte tal petición, sino muy especialmente de su punto de localización y/o residencia en el territorio del Estado reclamado, pues sólo así podrá cursarse, llegado el caso, su extradición, y de hecho, si estas exigencias o presupuestos formales fueren insuficiente o defectuosamente cumplimentados por el Estado requirente en la documentación aportada a tal fin, deberá el requerido comunicárselo a la mayor brevedad para su subsanación, no dando curso entretanto a su petición; y e) sus fines, pues en la extradición la misiva fundamental es la entrega del sujeto extraditado para su enjuiciamiento en el país reclamante, o bien, para el cumplimiento efectivo en él de una condena ya impuesta, bajo los concretos parámetros especificados en cada Convenio, mientras que, por el contrario, la busca y captura, si presenta el formato de una requisitoria, irá dirigida a localizar al procesado que, ausentado del domicilio designado para notificaciones, no fuere hallado en el mismo y careciere de otra residencia conocida en la que poder localizarlo, y también se dictará respecto de quien se hubiere evadido del establecimiento en el que se hallare detenido o preso, e igualmente de quien incumpliere su deber de presentación «apud acta» o ante cualquier llamamiento judicial, estando en libertad provisional (artículo 835 de la Ley de Enjuiciamiento Criminal), teniendo como premisa estos tres supuestos el ya señalado carácter ilocalizable del sujeto al que se dirigen, cuya necesidad de ubicación puede obedecer, a fines bien distintos de los de enjuiciamiento o ejecución de condena que directamente justifican la extradición. Por su parte, **la Sentencia del Tribunal Supremo 41/2021, de 21 de enero, extrae dos conclusiones más de las anteriores resoluciones**: que la interrupción no resulta supeditada al resultado final, favorable o adverso a la extradición, siempre que la solicitud inicial reúna todos los presupuestos materiales necesarios; y que no resulta elemento imprescindible a los efectos de la interrupción que el sujeto sobre el que recae la petición extradicional, se encuentre detenido.

- El **auto que acuerda la prisión provisional**, respecto al cual existe una jurisprudencia pacífica que declara que sí interrumpe el plazo de la prescripción, en cuanto que supone una resolución mediante la que se pone de relieve la voluntad de persecución delictiva (Sentencias del Tribunal Supremo 1501/1998, de 4 de diciembre, 1132/2000, de 30 de junio, 869/2005, de 1 de julio, 1250/2011, de 22 de noviembre, o 965/2012, de 26 de noviembre) (Sentencia del Tribunal Supremo 41/2021, de 21 de enero). La Sentencia del Tribunal Supremo 965/2012, de 26 de noviembre, precisa que «dada la relevancia que contiene para el imputado, revela una activación del proceso que impide estimar que este sigue paralizado y que no se está persiguiendo al presunto autor del delito. Si se activa de forma sustancial la busca y la persecución del presunto autor del hecho delictivo mediante su prisión provisional, debe considerarse que se intenta impulsar el proceso y avanzar en la persecución del presunto culpable, circunstancia que resulta incompatible con el término «paralización» que recoge la norma penal sustantiva. A fin de cuentas, la prisión provisional implica un reforzamiento de la imputación que precisa siempre de una sólida base indiciaria».

- Las **pesquisas policiales si se operan en virtud de disposiciones del Juzgado, pero no si son espontáneas diligencias puramente policiales** (Sentencia del Tribunal Supremo de 27 de noviembre de 1959, citada por la Sentencia del Tribunal Supremo de 10 de marzo de 1993).

- La **resolución que acuerda la investigación patrimonial de una persona en el ámbito de un delito contra la Hacienda Pública**, pues se trata de un acto de naturaleza incriminatoria y de investigación en la medida en que tal acto concreta la investigación y los indicios y sospechas referidos a la participación de esa persona en los hechos delictivos por los que posteriormente fue condenada (Sentencia del Tribunal Supremo 108/2021, de 10 de febrero).

   Respecto a otras diligencias, como son los informes médico-forenses, la emisión de un informe médico forense sobre la salud mental del imputado a partir del estudio de su historial clínico se consideró una diligencia que sí interrumpe el plazo de la prescripción dada su relevancia para el proceso (Sentencia del Tribunal Supremo 254/2010, de 7 de marzo).

9.3. Las actuaciones de ordenación del procedimiento

Las actuaciones de ordenación del procedimiento, como son las relativas a la admisión o rechazo de pruebas, o señalamiento del juicio oral, tienen virtualidad interruptiva de la prescripción del delito.

Las **diligencias por las que se dan a las partes los traslados ordenados por la ley y las resoluciones por las que se van ordenando los trámites previstos en las normas procesales en su avance hacia la resolución final** (Sentencia del Tribunal Supremo 263/2005, de 1 de marzo) deben reputarse de contenido sustancial, incluso aunque hayan sido tramitadas en un juzgado o tribunal diferente al competente cuando, por ejemplo, se cumple un exhorto, o cuando sean tramitadas por otra jurisdicción, como ocurría cuando conocía un tribunal civil de la pieza de responsabilidad civil en caso de quiebra, cuya resolución tenía eficacia para la exigencia de responsabilidades penales.

La Sentencia del Tribunal Supremo 376/1992, de 7 de febrero, refiere que no cabe entender por «**procedimiento**» a **efectos de la prescripción solamente las diligencias sumariales o previas, sino todas las que sean necesarias para lograr una resolución provisional o definitiva que le ponga fin. En este sentido son también actuaciones procesales que interrumpen la prescripción, los trámites que se realizan en la fase intermedia hasta la apertura del juicio oral y todas las diligencias indispensables encaminadas a preparar la celebración de las sesiones de la vista oral públicas que terminan con una sentencia absolutoria o condenatoria.** La Sentencia del Tribunal Supremo 94/2008, de 15 de febrero, manifiesta que en cuanto a la posibilidad de estimar la prescripción del delito después de una sentencia definitiva pero carente de firmeza no ofrece dudas, según tiene afirmado la Sala Segunda (véanse por todas Sentencia del Tribunal Supremo 1146/2006, de 22 de noviembre), precisamente porque **el concepto de «procedimiento» a que hace mención el artículo 132 del Código Penal apunta como límite final a la firmeza de la sentencia**, así que resultará plenamente posible estimar dicha prescripción en caso de paralización del procedimiento acontecida antes de dictada la sentencia definitiva o entre el dictado de ésta y el pronunciamiento de la sentencia firme que concluye el proceso, sin perjuicio de su ejecución.

Como concretas actuaciones procesales que determinan la interrupción del plazo de prescripción del delito se pueden citar:

- La **acumulación de otros procesos**, que tiene la virtualidad de ampliar el objeto del proceso sumando otros hechos de imputación a los acusados, o a alguno de ellos. No se trata de resoluciones puramente de adecuación del proceso, sino de actuaciones que amplían su objeto y que tienen eficacia en la interrupción del plazo de prescripción (Auto del Tribunal Supremo 1648/2016, de 29 de septiembre). En el mismo sentido se pronuncia la Sentencia del Tribunal 1001/2012, de 18 de diciembre, que considera que la acumulación de otros procesos tiene la virtualidad de ampliar el objeto del proceso sumando otros hechos de imputación a los acusados, o a alguno de ellos, no tratándose de resoluciones puramente de adecuación del proceso, sino de actuaciones que amplían su objeto y que tienen eficacia en la interrupción del plazo de prescripción.

– El auto de transformación de Diligencias Previas a Procedimiento Abreviado, al tratarse de un acto procesal de contenido material e implicar un evidente impulso procesal, produciendo el efecto de interrumpir la posible prescripción del delito (Auto del Tribunal Supremo 444/2016, de 3 de marzo). El mismo criterio se sigue en el Auto del Tribunal Supremo 823/2022, de 15 de septiembre, que se refiere al auto de transformación de diligencias previas en juicio oral (sic). La Sentencia del Tribunal Supremo 651/2017, de 3 de octubre, también se refiere al efecto interruptivo del auto de transformación de procedimiento abreviado. Igualmente, puede citarse la Sentencia del Tribunal Supremo 449/2011, de 26 de abril.

– La petición y práctica de las diligencias complementarias interesadas por el Ministerio Fiscal (Auto del Tribunal Supremo 891/2018, de 21 de junio). La Sentencia del Tribunal Supremo 645/2016, de 14 de julio, afirma la capacidad interruptiva de la prescripción, pese a desarrollarse en la llamada fase intermedia (Sentencia del Tribunal Supremo 224/2002, de 12 de febrero) de la petición y práctica de diligencias complementarias interesadas por la acusación.

– El auto confirmando la conclusión del sumario (Sentencia del Tribunal Supremo 1559/2003, de 19 de noviembre, que se remite a la Sentencia del Tribunal Supremo de 12 de febrero de 1994, y Sentencias del Tribunal Supremo de 13 de mayo de 1993, 22 de junio, 24 de junio y 22 de julio de 1993 y 15 de mayo de 1993).

– El auto de apertura de juicio oral, cuya virtualidad para interrumpir la prescripción como acto de contenido material y de impulso del procedimiento es indiscutible (Sentencia del Tribunal Supremo 226/2017, de 31 de marzo).

- La **resolución que acuerda dar traslado a los responsables civiles para calificar**, al ser una efectiva actuación del procedimiento incompatible con el concepto de paralización (Sentencia del Tribunal Supremo 1169/2011, de 3 de junio).

- La **presentación de escrito de acusación por el Ministerio Fiscal** al tratarse de un acto procesal de contenido material e implicar un evidente impulso procesal, produciendo el efecto de interrumpir la posible prescripción del delito (Auto del Tribunal Supremo 444/2016, de 3 de marzo).

  Ahora bien, la Sentencia del Tribunal Supremo 224/2002, de 12 de febrero, en cuanto a un escrito presentado por la acusación particular a la Audiencia Provincial interesando se dictase el auto de apertura del juicio oral, se consideró que no producía efecto interruptivo de la prescripción, en atención a: a) que se trata de un escrito procesalmente atípico; b) que, ante la falta de respuesta por el órgano jurisdiccional, la acusación particular se aquietó definitivamente hasta que la Audiencia dictó, finalmente, el auto acordando la apertura del juicio oral; c) que el impulso procesal corresponde específicamente a los Jueces y Tribunales, por lo que, en principio, sólo las resoluciones judiciales tienen virtud interruptora de la prescripción; y d) que la jurisprudencia ha venido interpretando el término paralización en términos extensivos «pro reo».

- El **escrito de calificación provisional de la defensa** (Sentencia del Tribunal Supremo 1559/2003, de 19 de noviembre, que se remite a la Sentencia del Tribunal Supremo de 12 de febrero de 1994, y Sentencias del Tribunal Supremo de 13 de mayo de 1993, 22 de junio, 24 de junio y 22 de julio de 1993 y 15 de mayo de 1993).

  La **Sentencia del Tribunal Supremo 400/2022, de 22 de abril, precisa la anterior conclusión, pues no cabe anudar efectos interruptivos a la «simple presentación de un escrito de parte» siendo en todo caso necesaria una decisión o actuación judicial.** En el caso analizado por esta resolución sucedió que tras la presentación del escrito de defensa se dictó una providencia que no solo decidió unir a autos el escrito de defensa, sino que dispuso que la defensa había cumplido de forma satisfactoria con las cargas formales y temporales de presentación previstas en el artículo 788.1 de la Ley de Enjuiciamiento Criminal, lo que comportaba, conforme a sus párrafos tercero y cuarto, entre otros efectos, que la prueba propuesta debía ser objeto de especial y previo pronunciamiento sobre su admisión o inadmisión por parte del tribunal de enjuiciamiento, como garantía específica del derecho a que se practique. Garantía que se reduce, precisamente, cuando la persona acusada incumple la carga de presentación del escrito de defensa en el término concedido. En este caso, como se precisa en la norma, el derecho a la práctica de prueba se limita a aquellos medios que pueda presentar y le sean admitidos en la audiencia previa del artículo 786 de la Ley de Enjuiciamiento Criminal. De esta forma, le sería aplicable a la providencia la doctrina que reconoce efectos interruptivos «a todas las resoluciones que tratan de configurar y garantizar el derecho de defensa del imputado» (vid Sentencias del Tribunal Supremo 452/2007, de 23 de mayo, y 193/2022, de 1 de marzo).

– **Las diligencias que tratan de configurar el derecho de defensa del imputado,** como derecho constitucionalizado en el artículo 24.2 de la Constitución, consistente en la defensa por abogado y representación procesal mediante procurador, como lo demuestra la Sentencia del Tribunal Supremo 452/2007, de 23 de mayo, en donde se lee que «**las renuncias de procuradores, solicitud de pruebas y petición de suspensión del señalamiento del juicio oral**» son actos de prosecución del procedimiento, e integran, por consiguiente, actos interruptores de la prescripción. Parece un **acto ciertamente paradigmático de la continuación del procedimiento frente al presunto culpable la provisión de profesionales que le defiendan o le representen en el plenario que ha de celebrarse.** No podrá advertirse otro acto procesal más indicativo de que el proceso se dirige frente a una persona, que proveerla de mecanismos de defensa o de representación en juicio. Así las providencias mediante las que se busca y obtiene la representación procesal del inculpado a quien, inmediatamente de asistido de procurador, se le requiere para que presente escrito de defensa, no son intrascendentes ni inocuas, pues el **procedimiento no habría podido continuar sin que el acusado estuviese**

debidamente representado (Sentencia del Tribunal Supremo 975/2010, de 5 de noviembre). Esta doctrina se recoge por resoluciones más recientes de la Sala Segunda, como las Sentencias del Tribunal Supremo 41/2021, de 21 de enero, 128/2021, de 12 de febrero, y 193/2022, de 1 de marzo).

– El **auto de admisión de pruebas**, resolución ésta que, al igual que el auto de apertura del juicio oral, goza indiscutiblemente con idoneidad suficiente para interrumpir la prescripción dado su contenido sustancial (entre otras, Sentencias del Tribunal Supremo 224/2002, de 12 de febrero, o 66/2009, de 4 de febrero) (Sentencia del Tribunal Supremo 422/2018, de 26 de septiembre).

– La diligencia dictada por el Letrado de la Administración de Justicia en la que, con el fin de favorecer la efectividad del Convenio de Ejecución del Protocolo de conformidades, en el sentido de favorecer la reunión del Ministerio Fiscal con el Letrado de la Defensa, así como el propio Letrado con su defendido, **convoca a las partes a una comparecencia, a los efectos de acordar, si procede, una conformidad**, señalándose fecha, con la prevención de que, de no llegarse a acuerdo, se señalará la celebración de la vista del juicio oral. La suspensión para el acuerdo del protocolo de conformidades, va dirigido precisamente a obtener un modo de aceptación de la condena penal, mediante justicia restaurativa, utilizando modelos de mediación, siendo un acto que prosigue con la aplicación del derecho penal como consecuencia de un proceso de mediación, que va dirigido también a conseguir una conformidad y la aplicación del Código Penal, en aquellos casos en que ello sea posible, por métodos de acercamiento y satisfacción de víctima y victimario. Es adelantar la comparecencia previa en este sentido que se prevé en el marco del proceso penal. La mediación pretende conseguir un modo alternativo de enjuiciamiento mediante la utilización de técnicas de acercamiento, perfectamente compatibles con el sistema tradicional, máxime en los casos de conformidad, que fue el inicio de la justicia concordada en materia penal. Dicho de otro modo, la conformidad, como instrumento final de la mediación, interrumpe la prescripción (Sentencia del Tribunal Supremo 193/2022, de 1 de marzo).

- Los **actos que constituyeron la tramitación de la cuestión de competencia**, pues entre los actos interruptores de la prescripción se encuentran, por su carácter sustancial ajeno a cualquier consideración de inocuidad, los que constituyeron la tramitación de la cuestión de competencia, y concretamente, la resolución del propio Tribunal Supremo, no atribuyéndola a la Audiencia Nacional, que manda remitir la causa al Juzgado de lo Penal (Sentencia del Tribunal Supremo 1169/2011, de 3 de junio).

   Ahora bien, en la jurisprudencia menor se ha planteado el efecto interruptor de la prescripción de la resolución que, pese a incoar formalmente el procedimiento, se limita a declarar su falta de competencia territorial, e incluso objetiva, y a inhibirse de la causa a otro partido judicial o a otro órgano judicial, e incluso, de las posteriores resoluciones en las que el órgano al que se inhibió la causa no acepta su competencia y devuelve la causa al juzgado de origen, y éste plantea cuestión de competencia negativa, que se resuelve por el superior jerárquico común decidiendo sobre a cuál de los dos órganos le corresponde el conocimiento de la causa. Se ha indicado que todas estas actuaciones tendrían un contenido «formal» y no «material», y por ello, no serían interruptivas de la prescripción. Este criterio se mantiene, por ejemplo, en la Sentencia de la Audiencia Provincial de Granada 16/2020, de 16 de enero.

- Las actuaciones de contenido sustancial o relevante a efectos de la interrupción de la prescripción practicadas durante el periodo afectado por la retroacción del procedimiento derivada de una declaración de nulidad.

Alguna resolución de la Sala Segunda consideró que carecía de efectos interruptivos de la prescripción la denominada «reposición de actuaciones» (Sentencia del Tribunal Supremo 926/2000, de 26 de mayo).

Ahora bien, en cuanto a la «reposición de actuaciones», la Sentencia del Tribunal Supremo 1169/2011, de 3 de junio, al plantearse la cuestión de si la declaración de nulidad con orden de reposición al trámite correspondiente da lugar a una situación equivalente a la de total inexistencia de dichas actuaciones posteriores a aquel momento, o por el contrario, pese a la reposición ordenada, los actos posteriores al momento al que se remite la reposición mantienen la efectividad interruptora de la prescripción. **Formulada la cuestión ante el Pleno no Jurisdiccional de la Sala, se adoptó, en la sesión del día 27 de abril de 2011 el acuerdo siguiente: «que las actuaciones declaradas nulas en el proceso penal no pierden por ello la eficacia interruptiva que tuvieron en su momento».** La aplicación de lo acordado por el Pleno no jurisdiccional implica que las actuaciones nulas, aunque no produzcan el efecto de dejar subsistente lo que en ellos se ordena, en cuanto han existido producen la irrevocable consecuencia de interrumpir el transcurso de tiempo con consecuencias extintivas de responsabilidad por prescripción. No se corresponde con el sentido de las palabras equiparar actuación nula del procedimiento con «paralización del procedimiento». Anular una resolución puede implicar el decaimiento de los efectos establecidos por lo decidido, pero no implica privarle de todos los efectos derivados de su existencia. La nulidad, valga como ejemplo, de una resolución de prisión provisional no hace desaparecer las consecuencias de la privación de libertad que se haya sufrido por consecuencia de ella. Ni tal nulidad impide el devengo de derecho al pago de las costas ocasionadas por actos afectados por dicha nulidad. La consecuencia interruptora de la prescripción, inherente a la existencia de un acto del procedimiento, es ajena a su validez y, por ello, aquella consecuencia subsiste si se declara su nulidad. En los sistemas que conciben la prescripción como causa de extinción de responsabilidad criminal de naturaleza material, y no meramente procesal, no recogen la norma que priva de trascendencia interruptora a los actos no válidos. Lo que sí hace el Código de Procedimiento francés, precisamente porque considera la prescripción como un instituto procesal.

La Sentencia del Tribunal Supremo 1169/2011, de 3 de junio, contiene un voto particular que afirma que si bien es cierto que las Sentencias del Tribunal Supremo 1050/1997, de 18 de julio, 438/2003, de 27 de marzo, y 263/2005, de 1 de marzo, siguieron la doctrina de que la nulidad de actuaciones no determina que se pueda computar como paralización del procedimiento el tiempo transcurrido en el periodo desde el que no se realizó la actuación procesal omitida determinante de la nulidad acordada, sin embargo la Sentencia del Tribunal

Supremo 1580/2002, de 28 de septiembre, declara que cuando la «vuelta atrás» de la causa a consecuencia de la nulidad declarada, supone el transcurso de un tiempo superior al fijado en la Ley para la prescripción del delito, esta debe declararse, pues la ineficacia origina un paréntesis en el curso de la tramitación, que obligadamente abre el vacío de sus efectos, equivalente, en todo, a la inexistencia misma de actuación. El voto particular dio mayor valor, en el caso concreto, a esta segunda posición.

La **Sentencia del Tribunal Supremo 486/2023, de 21 de junio**, afirma que en relación con la alegación de que las actuaciones practicadas durante el periodo de retroacción derivado de una nulidad de actuaciones carecen de virtualidad para interrumpir el plazo de prescripción, la Sala Segunda viene declarando de forma reiterada **que la declaración de nulidad de actuaciones (incluso aunque ésta lo fuera de carácter absoluto y total con relación a un determinado periodo de actuaciones con la consiguiente retroacción del procedimiento al momento en que se cometió la falta) no sirve para privar de eficacia a las actuaciones de contenido sustancial o relevante, a estos efectos de la interrupción de la prescripción, practicadas durante ese periodo anulado, porque tal nulidad no puede determinar la inexistencia de algo que realmente existió** (Sentencia del Tribunal Supremo 263/2005, de 1 marzo, con cita de otras anteriores, Sentencias del Tribunal Supremo de 14 de abril de 1997, 18 de julio de 1997, 31 de julio de 1997, 20 de diciembre de 2000 y 27 de marzo de 2003, entre otras).

– Las **actuaciones efectuadas por el órgano competente para enjuiciar dirigidas a lograr la celebración del juicio oral deben ser reputadas diligencias esenciales que interrumpen la prescripción**. Necesariamente han de considerarse interruptivas **las actuaciones por las que se fija juicio oral y se señala fecha para el mismo**. Las actuaciones procesales dirigidas a señalarlo y el propio día de señalamiento del juicio, **así como, su celebración o suspensión**. Éstos últimos son actos, los más importantes del proceso, en tanto procuran o suponen el desarrollo del juicio, que interrumpen el plazo prescriptivo (Sentencia del Tribunal 201/2016, de 10 de marzo) (Sentencia del Tribunal Supremo 193/2022, de 1 de marzo).

El **señalamiento del juicio oral, disponiendo de todo lo necesario para que éste tuviera lugar, aunque luego se variase la fecha y se procediera a un nuevo señalamiento** (Sentencia del Tribunal Supremo 66/2009, de 4 de febrero, seguida por otras, como la Sentencia del Tribunal Supremo 41/2021, de 21 de enero).

La Sentencia del Tribunal Supremo 201/2016, de 10 de marzo, **se plantea si los señalamientos de juicio oral y las actuaciones producidas ante el Juzgado de lo Penal que, finalmente, se reputa incompetente para enjuiciar son intranscendentes a efectos de interrumpir la prescripción.** Debe partirse de la normalidad que supone el hecho de que se fije, durante el procedimiento, contradictoriamente, el órgano competente para el enjuiciamiento. El turno de intervenciones al inicio del juicio oral ante el Juzgado de lo Penal recoge expresamente la posibilidad de que tal cuestión sea suscitada, por lo que, no puede reputarse como una cuestión superflua o intranscendente para el desarrollo de la causa, ni siquiera anormal o retardataria en sí misma. **En consecuencia, las actuaciones efectuadas por el órgano que se reputa inicialmente competente para enjuiciar dirigidas a lograr la celebración del juicio oral deben ser reputadas diligencias esenciales que interrumpen la prescripción**, y ello, por dos consideraciones: en primer lugar, en tanto se han desplegado actuaciones (v.gr.: localización de uno de los acusados) que sirven para el desarrollo del juicio ante la Audiencia Provincial; y en segundo lugar, habida cuenta de que conforme al Acuerdo del Pleno no jurisdiccional de fecha 27 de abril de 2011 «las actuaciones declaradas nulas en el proceso penal no pierden por ello la eficacia interruptiva que tuvieron en su momento».

La **paralización del juicio debido a necesidad de guardar turno por el señalamiento** no se computa a efectos de prescripción porque no hay situación propiamente dicha de «paralización», sino una «dilación» exigida por la «necesidad de ordenar el trabajo de un determinado órgano judicial». La prescripción no opera, pues, cuando la paralización del procedimiento se debe a que las actuaciones se hallan pendientes de señalamiento, considerándolo en relación al volumen de trabajo del Juzgado (Sentencias del Tribunal Supremo de 19 de enero de 1981, 7 de febrero de 1991, 5 de octubre de 1992, 6 de junio de 1992, 18 de diciembre de 1992, y 1135/2002, de 17 de junio, así como, Sentencias del Tribunal Constitucional de 29 de noviembre de 1990, 28 de enero de 1991 y 25 de noviembre de 1991), que establecen la doctrina relativa a que la paralización del procedimiento, o su retraso en la tramitación, **no es tal «paralización a efectos de prescripción» cuando no es imputable al Juzgado por exceso de asuntos pendientes.** Ahora bien, **lo que no resulta admisible es que el nuevo plazo prescriptivo transcurra en su totalidad desde aquella resolución sin que durante dicho lapso de tiempo se haga referencia alguna a la subsistencia de las necesidades del órgano enjuiciador de ordenar los distintos señalamientos pendientes**, a lo que podría añadirse incluso en cuanto a entender prescrito el delito el plazo transcurrido entre la providencia del Juzgado de Instrucción remitiendo la causa de nuevo a la Audiencia Provincial (16 de abril de 2002) y la celebración del juicio (26 de septiembre de 2005), por cuanto la providencia inicial de la Sala (2 de febrero de 2005) y las sucesivas (16 de marzo y 12 de mayo de 2005) señalando fecha para la celebración del juicio oral, podrían considerarse diligencias inocuas a efectos de la interrupción del plazo preceptivo (**Sentencia del Tribunal Supremo 1146/2006, de 22 de noviembre, cuya doctrina recoge la posterior Sentencia del Tribunal Supremo 201/2016, de 10 de marzo**). La **Sentencia del Tribunal Supremo 1294/2011, de 21 de noviembre,** indica que no solamente tienen virtualidad interruptora de la prescripción, las actuaciones practicadas con fines de investigación sumarial sino las de ordenación del procedimiento, como la decisión del órgano jurisdiccional de admisión o rechazo de pruebas (véase Sentencia del Tribunal Supremo 1097/2004, de 7 de septiembre) y **el señalamiento del juicio oral, disponiendo de todo lo necesario para que éste tuviera lugar, aunque luego se variase la fecha y se procediera a un nuevo señalamiento.** E incluso del lapso temporal de paralización, debe excluirse el periodo en que la causa espera su turno para el señalamiento del día concreto para la vista pública, cuando por razones de fuerza mayor no es posible celebrar el juicio antes. La **Sentencia del Tribunal Supremo 66/2009, de 4 de febrero,** entiende que debe excluirse del cómputo de la prescripción el periodo en que la causa espera su turno para el señalamiento del día concreto para la vista pública, cuando por **razones de fuerza mayor** no es posible celebrar el juicio antes. La **Sentencia del Tribunal Constitucional 79/2008, de 14 de julio,** reprocha a los órganos judiciales limitarse a afirmar que no opera la prescripción cuando la paralización no es imputable al Juzgado, sino a la necesidad de guardar turno para el señalamiento por exceso de asuntos pendientes, sin sostener esa afirmación en dato alguno referido al caso, sin ponderar las circunstancias del mismo y sin entrar a considerar el periodo concreto cuestionado por el recurrente, en el que la causa simplemente estuvo en el Juzgado, sin ni siquiera acusarse recibo de la misma. Por tanto, se limitan a **invocar una doctrina jurisprudencial, formulada con carácter general en relación con la necesidad de guardar turno para señalamiento, pero que no contempla, ni puede contemplar en su formulación general, las especiales circunstancias de cada caso, circunstancias que han de ser ponderadas por los órganos de la jurisdicción penal para estimar si ha existido o no una auténtica paralización del procedimiento que haga correr de nuevo el plazo de prescripción en los supuestos de paralizaciones ocasionadas por el exceso de trabajo del órgano judicial** (Sentencias del Tribunal Constitucional 157/1990, de 18 de octubre, FJ 5, y 12/1991, de 28 de enero, FJ 2). Tal proceder no tiene en cuenta los fines de la institución, por cuanto permite una latencia sine die de la amenaza penal, convirtiendo en ilusorio el plazo de prescripción legalmente establecido y produciendo una flagrante inseguridad jurídica en el ciudadano afectado, puesto que cualquier paralización previa al acto del juicio, por dilatada e inexplicable que fuese, podría justificarse abstractamente por el exceso de trabajo del órgano judicial y la necesidad de esperar turno para señalamiento. Lo cual, lejos de incentivar el deber de diligencia de los órganos judiciales, abre la puerta a justificar la mera inactividad inexplicada en la tramitación de los procedimientos como una dilación estructural, no imputable al órgano judicial y determinada por las necesidades de organización del trabajo. En definitiva, el razonamiento a través del cual las resoluciones recurridas rechazan la existencia de la prescripción en el presente caso no satisface las exigencias del canon de motivación reforzada exigible en esta materia, al no resultar compatible con los fines de la institución, vulnerando el derecho a la tutela judicial efectiva (artículo 24.1 de la Constitución).

9.4. Las actuaciones procesales que no producen la interrupción de la prescripción: paralización del procedimiento

La **Sentencia del Tribunal Supremo 726/2020, de 11 de marzo de 2021,** se pregunta ¿Qué debe entenderse por «paralización del procedimiento»?, y señala que la «concepción puramente mecanicista», conforme al cual, solo hay paralización con inactividad procesal absoluta, fue superada hace muchos años por la jurisprudencia, de modo que, **hay paralización también cuando materialmente el procedimiento no avanza, aunque «formalmente» exista actividad procesal o, mejor, «apariencia de actividad procesal».** Actuaciones «inocuas» o puramente formales no interrumpen el plazo prescriptivo.

La práctica de diligencias «superfluas» o vacías de todo contenido real no interrumpe la prescripción (Sentencias del Tribunal Supremo 31 de octubre de 1992 y 6 de junio de 1989). Carecen de virtualidad interruptiva las diligencias **banales**, inocuas o de mero trámite que no afecten al curso del procedimiento. Así, las resoluciones sin contenido sustancial no pueden ser tomadas en cuenta a efectos de la prescripción, ni aquellas decisiones judiciales que no constituyen efectiva prosecución del procedimiento contra los culpables, producen efecto interruptor alguno (Sentencia del Tribunal Supremo 41/2021, de 21 de enero).

Se hace preciso diferenciar, a los efectos de interrupción del plazo prescriptorio, aquellas resoluciones, normalmente providencias, sin contenido real ni justificación procesal, destinadas a crear apariencia de actividad procesal o que resulten intrascendentes, a estos fines, en cuanto en modo alguno representan actividad procesal dirigida contra el presunto culpable de los hechos delictivos, de aquellas otras, bien distintas, que entrañan una actividad procesal claramente dirigida a materializar la relación acusación o defensa respecto de quien aparece como sujeto pasivo del proceso penal en trámite (Sentencia del Tribunal Supremo 226/2017, de 31 de marzo).

Se pueden citar como actuaciones procesales que no determinan la interrupción del plazo de prescripción del delito por no implicar «avance material» del procedimiento:

- **La diligencia dando cuenta del archivo material** (Sentencia del Tribunal Supremo 726/2020, de 11 de marzo de 2021).

- **El proveído disponiendo dejar las actuaciones en la mesa del juzgador pendientes de resolver** (Sentencia del Tribunal Supremo 726/2020, de 11 de marzo de 2021).

- Los acuses de recibo (Sentencia del Tribunal Supremo 263/2005, de 1 de marzo), y en particular, los acuses de recibo del Registro de penados y rebeldes (Sentencia del Tribunal Supremo de 11 de octubre de 1997, pues se trata de diligencias que no tienen la naturaleza jurídica, ni la finalidad, de lo que se llama impulso procesal, de tal manera que el proceso quedó paralizado aun habiéndose llevado a cabo) (citada en la Sentencia del Tribunal Supremo 1559/2003, de 19 de noviembre).
- La preparación de un testimonio solicitado por otro órgano judicial (Sentencia del Tribunal Supremo 726/2020, de 11 de marzo de 2021) y la expedición de testimonios o certificaciones (Sentencia del Tribunal Supremo 926/2000, de 26 de mayo).

Entre los ejemplos que reproducen muchas de las resoluciones de la Sala Segunda como diligencias inidóneas para interrumpir la prescripción se incluye frecuentemente «la expedición de testimonios» (Sentencias del Tribunal Supremo 1097/2004, de 7 de septiembre, 66/2009, de 4 de febrero, 965/2012, de 26 de noviembre, o 201/2016, de 10 de marzo, que citan otras anteriores). Se consideran actuaciones incapaces de traslucir interés en la prosecución del proceso que permanece inerte (Sentencia del Tribunal Supremo 128/2021, de 12 de febrero).

Sin embargo, se trata de una afirmación esta que **exige matizaciones**, porque no en todos los casos se puede considerar la expedición de testimonios como una actuación procesal carente de contenido material. Lo tendrá, por ejemplo, cuando de respuesta a una pretensión de parte encaminada a obtener elementos necesarios para el ejercicio en el mismo proceso de la defensa o de la acusación entablada, según la parte de la que provenga. Casos en los que la respuesta a esa petición ensambla con el efectivo ejercicio del derecho de defensa y la garantía de tutela judicial efectiva que proclama el artículo 24 de la Constitución, y que no puede desvincularse del interés del proceso (Sentencia del Tribunal Supremo 128/2021, de 12 de febrero).

- Los partes de estado del sumario que han de enviarse a la Audiencia Provincial (Sentencia del Tribunal Supremo 263/2005, de 1 de marzo).
- Las providencias de recordatorio de despachos pendientes (Sentencia del Tribunal Supremo 263/2005, de 1 de marzo).

- La reiteración de órdenes de busca (Sentencia del Tribunal Supremo 726/2020, de 11 de marzo de 2021) o la repetición de las requisitorias o de las órdenes de busca y captura (Sentencia del Tribunal Supremo 263/2005, de 1 de marzo).

- Las resoluciones de acuerdo de cumplimiento de lo ordenado por el tribunal superior cuando quedan vacías de contenido porque no se pone a trámite lo ordenado (Sentencia del Tribunal Supremo 263/2005, de 1 de marzo).

- La diligencia de ratificación de un informe pericial a presencia judicial ordenada por la Audiencia por haberse omitido los datos personales del perito (Sentencia del Tribunal Supremo de 13 de octubre de 1995).

- La **citación del denunciante para el ofrecimiento de acciones** (Sentencia del Tribunal Supremo de 17 de noviembre de 1993) (citada en la Sentencia del Tribunal Supremo 1559/2003, de 19 de noviembre), o el **ofrecimiento de acciones a los perjudicados del artículo 109 del Código Penal** (Sentencia del Tribunal Supremo 263/2005, de 1 de marzo).

  Ahora bien, la citación a declarar como testigo interrumpe la prescripción (Sentencia del Tribunal Supremo 440/2024, de 22 de mayo) y también se considera que interrumpe la prescripción la declaración del querellante (Sentencia del Tribunal Supremo 215/2020, de 22 de mayo).

- Las **personaciones** (Sentencia del Tribunal Supremo 926/2000, de 26 de mayo) o las **meras personaciones en la causa** (Sentencia del Tribunal Supremo 263/2005, de 1 de marzo).

- La **tasación de objetos robados** (Sentencia del Tribunal Supremo de 17 de noviembre de 1993) (citada en la Sentencia del Tribunal Supremo 1559/2003, de 19 de noviembre).

  El anterior pronunciamiento debe entenderse en su justa medida, pues en el caso del delito de robo, la tasación de objetos está vinculada a la responsabilidad civil. Cabe plantearse el valor interruptivo de la tasación pericial en el caso de que otros ilícitos, como el caso de los delitos de hurto y daños, pues el valor de los efectos sustraídos o deteriorados es determinante de si se trata de un delito menos grave o de un delito grave. En este sentido parece pronunciarse la Sentencia del Tribunal Supremo 70/2022, de 27 de enero, al señalar como **manifestación de que el proceso está «vivo» la resolución que acuerda una pericial precisa para «decidir el curso procedimental».**

- **La reclamación de antecedentes penales** (Sentencia del Tribunal Supremo de 17 de noviembre de 1993, pues no implica que se haya llevado a efecto una efectiva actividad judicial que se plasme en actos concretos que produzcan actuaciones del órgano jurisdiccional encargado de la instrucción o enjuiciamiento) (citada en la Sentencia del Tribunal Supremo 1559/2003, de 19 de noviembre).

  Ahora bien, la Sentencia del Tribunal Supremo de 25 de abril de 1994, señala que el plazo de prescripción se interrumpió con la incoación del sumario y recepción de declaración al recurrente, así como «la aportación de su hoja histórico-penal» y su posterior procesamiento, actos todos encaminados a la instrucción de la causa y no de mero trámite, cuya fuerza interruptiva no puede desconocerse.

- La **solicitud de pobreza** (Sentencia del Tribunal Supremo 926/2000, de 26 de mayo), o **todo lo relativo al reconocimiento del beneficio de la justicia gratuita** (Sentencia del Tribunal Supremo 263/2005, de 1 de marzo).

- Las **actuaciones obrantes en la pieza de responsabilidad civil o relacionadas con ella carecen de virtud interruptora respecto de la acción penal.** Cualesquiera que sean las responsabilidades pecuniarias a que en la pieza separada se provea resulte evidente que tales diligencias, accesorias de las genuinamente penales, no integran propiamente el ejercicio de la acción penal contra el culpable. Según las Sentencias del Tribunal Supremo de 21 de septiembre de 1987 y 10 de febrero de 1989, las diligencias efectuadas en la pieza de responsabilidad civil no obstaculizan el hecho básico de la paralización en cuanto a la persecución de los hechos delictivos (Sentencia del Tribunal Supremo 1146/2006, de 22 de noviembre) (la Sentencia del Tribunal Supremo 41/2021, de 21 de enero, señala que las actuaciones obrantes en la pieza de responsabilidad civil, o relacionadas con ella, carecen de virtud interruptora respecto de la acción penal).

- El Auto transformando en sumario las diligencias previas (Sentencia del Tribunal Supremo de 18 de junio de 1992), o en general, las resoluciones que no constituyan efectiva prosecución del procedimiento contra el culpable (Sentencia del Tribunal Supremo de 31 de octubre de 1992) (Sentencia del Tribunal Supremo de 10 de julio de 1993, pues no tienen contenido sustancial) (citada en la Sentencia del Tribunal Supremo 1559/2003, de 19 de noviembre).

La jurisprudencia menor explica que ese auto de transformación tiene por objeto delimitar la clase de procedimiento o la modalidad procesal a seguir, al amparo de lo dispuesto en los artículos 757 y 760 de la Ley de Enjuiciamiento Criminal, y por ende, no puede equipararse con un Auto de procesamiento o un Auto de Transformación de Procedimiento Abreviado, a los que si se reconoce efecto interruptivo, pues será precisamente a través de la Instrucción, por el Procedimiento correspondiente, y finalizada ésta, cuando el juez de instrucción deberá señalar e individualizar que indicios racionales obtenidos durante aquella le han llevado a formular el juicio de suficiencia indiciaria en relación a los hechos por los que decide continuar la apertura de la fase intermedia.

- Las **actuaciones judiciales que haya seguido una atípica e irregular línea de investigación** (Sentencia del Tribunal Supremo de 16 de diciembre de 1994, referida a un supuesto en que la denuncia se había interpuesto por delito de desobediencia y se concluyó con una acusación por delito de estafa) (citada en la Sentencia del Tribunal Supremo 1559/2003, de 19 de noviembre).

- **La requisitoria u orden de busca y captura** (Sentencias del Tribunal Supremo de 8 de julio de 1998).

Ahora bien, mediando rebeldía del inculpado, la misma puede generar y perfeccionar un estado de prescripción de la infracción criminal, sin que sea óbice para ello el que se hayan cursado, con precedencia a la declaración de rebeldía, las oportunas órdenes de busca y captura y localización de aquél, acordándose la expedición de las correspondientes requisitorias cuya permanencia se prolonga por tiempo indefinido; y **ello en tanto tales instrucciones o llamadas no se traduzcan en diligencias concretas, documentadas, con verdadero sentido en su originación y justificación en**

su desarrollo, no bastando con la existencia de la orden o mandato o publicación de las requisitorias, para el establecimiento de una presunción de práctica de actuaciones con virtud interruptora del tiempo de la prescripción (Sentencias del Tribunal Supremo de 27 de junio de 1986, 5 de enero de 1988 y 10 de marzo de 1993). La Sentencia del Tribunal Supremo 131/2001, de 16 de febrero, precisó que la Sentencia del Tribunal Supremo de 19 de julio de 2000 admite implícitamente como doctrina de esta Sala, acordada en la Sala General celebrada el día 29 de abril de 1997, que cuando existen diligencias específicas encaminadas a la localización de los procesados para tomarles declaración indagatoria, el plazo de prescripción se interrumpe, hasta que se acredite que las pesquisas han dado un resultado infructuoso y se decida de manera inmediata, la declaración de rebeldía. El artículo 840 de la Ley de Enjuiciamiento Criminal nos da una pauta interpretativa al decirnos que la mera declaración de rebeldía no paraliza la actividad judicial ya que, si la causa estuviese en Sumario, se continuaría hasta que se declare terminado por el Juez o Tribunal competente, suspendiéndose después su curso y archivándose los autos.

La **Sentencia del Tribunal Supremo 385/2015, de 25 de junio**, respecto a los actos interruptivos de la prescripción, con cita de otras anteriores, afirma que **las diligencias de investigación tienen eficacia interruptiva de la prescripción, pero no así las dirigidas a la «localización física del responsable ya identificado»**, pues lo que impide la prescripción son los actos procesales encaminados del descubrimiento del delito o averiguación de la identidad de los culpables (primera de las finalidades que asigna al sumario el artículo 299 de la Ley de Enjuiciamiento Criminal) (Sentencia del Tribunal Supremo 973/1998, de 3 de julio); pero **no los dirigidos a aprehender a los culpables, tales como órdenes de busca y captura, requisitorias** (Sentencia del Tribunal Supremo 1520/2011, de 22 de noviembre).

En estos casos, el inicio de la prescripción comienza desde que se dicta una resolución de contenido sustancial a partir de la cual **queda verdaderamente paralizado el procedimiento, como ocurre en la fecha del auto decretando el sobreseimiento provisional de la causa hasta que sea habido el rebelde, o en el caso de auto de busca y captura ante la falta de comparecencia que determina el inicio del cómputo del plazo de prescripción** (Sentencias del Tribunal

Supremo 1959/2002, de 22 de noviembre, 1559/2003, de 19 de noviembre, 1097/2004, de 7 de septiembre, y 1485/2004, de 13 de diciembre).

Respecto al auto de rebeldía, la **Sentencia del Tribunal Supremo 1486/2004, de 13 de diciembre,** considera que el auto de rebeldía no interrumpe la prescripción puesto que por su propia naturaleza y finalidad no sólo no hace avanzar el trámite, sino que lo paraliza (Sentencia del Tribunal Supremo de 11 de octubre de 1997). En cuanto a las oportunas órdenes de busca y captura para la localización del acusado con expedición de las correspondientes requisitorias, cuya permanencia se prolonga por tiempo indefinido, no tienen efecto interruptivo de la prescripción, en tanto tales instrucciones o llamadas no se traduzcan en diligencias concretas documentadas.

Ciertamente, **la emisión de órdenes de búsqueda y detención no tiene efecto interruptivo, pero por contra, sí debe concederse tal eficacia a las medidas cautelares tendentes a asegurar el buen fin de procedimiento y poder celebrar el juicio oral, a cuya culminación se orienta todo el de curso procedimental. Así, las diversas detenciones practicadas, que permitieron y posibilitaron la notificación de la apertura de juicio oral y el emplazamiento de los acusados,** que una vez asistidos de la adecuada postulación, se les daría traslado de las actuaciones, para que en un plazo común presentaran los escritos de defensa. **De igual modo, que cuando los supuestos de búsqueda y captura o en su caso la declaración de rebeldía, determinan el dies a quo del plazo de prescripción, el dies ad quem, viene dado por su detención y puesta a disposición judicial** (cfr. Sentencias del Tribunal Supremo 385/2015, de 25 de junio, y 1959/2002, de 22 de noviembre).

De manera más específica, la Sentencia del Tribunal Supremo 201/2016, de 10 de marzo, **otorga efecto interruptivo a la efectiva localización de uno de los acusados, en cuanto sirve para el desarrollo del juicio.**

- **La declaración de rebeldía** (Sentencias del Tribunal Supremo de 5 de enero de 1988, 23 de julio de 1987, 27 de junio de 1986, y 3 de marzo de 1994).

  Si bien el Código Penal de 1870 se refería a la rebeldía como causa excluyente de la prescripción, semejante excepción fue suprimida y silenciada a partir del

Código Penal de 1932 y en los sucesivos textos puniti-
vos. La paralización del procedimiento penal en razón
a la situación de rebeldía del inculpado puede, pues,
generar y perfeccionar un estado de prescripción de la
infracción criminal, sin que sea óbice para ello el que
se hayan cursado, con precedencia a la declaración
de rebeldía, las oportunas órdenes de busca y captura
y localización de aquél, acordándose la expedición de
las correspondientes requisitorias cuya permanencia
se prolonga por tiempo indefinido; y ello en tanto tales
instrucciones o «llamadas» no se traduzcan en diligencias concretas, documentadas, con verdadero sentido
en su originación y justificación en su desarrollo. No
bastando con la existencia de la orden o mandato o
publicación de las requisitorias para el establecimiento
de una presunción de práctica de actuaciones con virtud interruptora del tiempo de la prescripción, ya que
si se estimase así se haría imposible la aplicación de
la prescripción a las infracciones cuyos responsables
tuviesen la condición de rebeldes. No faltando sentencias, como las de 6 de octubre de 1959 y 29 de abril
de 1964, que fundan el acogimiento de la prescripción
como causa extintiva de la responsabilidad en la inac-
ción procesal, tras el archivo de las actuaciones por la
situación de rebeldía de los implicados (Sentencia del
Tribunal Supremo de 5 de enero de 1988).

9.5. El sometimiento a la «justicia restaurativa»

Ley Orgánica 1/2025, de 2 de enero, de medidas en
materia de eficiencia del Servicio Público de Justicia, introduce una Disposición adicional novena en la Ley de Enjuiciamiento Criminal, con la rúbrica «Justicia restaurativa»
y efectos desde el día 3 de abril de 2025. Esta norma, entre
otros extremos, establece los principios que la rigen (en concreto, voluntariedad, gratuidad, oficialidad y confidencia-
lidad), dispone que el «procedimiento restaurativo» puede
tener lugar en cualquier fase del procedimiento, regula
su plazo y forma de desarrollo y su aplicabilidad (salvo en
aquellos casos excluidos por la ley) y señala, en lo que aquí
interesa, que **el sometimiento a justicia restaurativa en el
«proceso por delitos leves» interrumpirá el plazo de prescripción de la correspondiente infracción penal.**

La norma no contiene mayores precisiones respecto a esta «interrupción» del plazo de prescripción en el supuesto concreto en que la contempla, el del proceso por delitos leves, lo que arroja diversas dudas. En primer lugar, en cuanto al concreto momento en que se produce esa «interrupción», podría hacerse coincidir con la resolución del juez remitiendo a las partes al «procedimiento restaurativo» y fijando el plazo máximo para su desarrollo. En segundo lugar, respecto al preciso momento de finalización de la «interrupción», donde las dudas se incrementan si se tiene en cuenta que la terminación del «procedimiento restaurativo» puede derivar de diversas circunstancias, tales como, la negativa o el abandono del procedimiento restaurativo realizada por las partes, la conclusión del «procedimiento restaurativo» con «resultado negativo», o la conclusión del «procedimiento restaurativo» con «resultado positivo» y «acta de reparación» con los acuerdos a los que las partes hubieran llegado. En este último caso, la norma sí precisa dos cuestiones, por un lado, que el órgano judicial, previa audiencia del Ministerio Fiscal, de las partes personadas y de la víctima del delito, por término de tres días, deberá valorar los acuerdos a los que las partes hayan llegado, las circunstancias concurrentes y el estado del procedimiento, y en segundo lugar, que verificado lo anterior, podrá proceder a «decretar el archivo» del proceso por delito leve, «a la vista del cumplimiento de los acuerdos alcanzados», de conformidad con lo establecido en el artículo 963 de la Ley de Enjuiciamiento Criminal. En tercer lugar, la norma no indica expresamente si esa «interrupción» del plazo de prescripción, caso de alzarse, determina el inicio de un nuevo cómputo del plazo de prescripción, consecuencia que establece en el artículo 132.2 del Código Penal para la «interrupción» de la prescripción por dirigirse el procedimiento contra la persona indiciariamente responsable del delito. Por otro lado, la norma no prevé la interrupción del plazo de prescripción de la infracción penal cuando no se trate de un «proceso por delitos leves», y al contrario, indica que encontrándose la causa en fase de instrucción, el inicio del «procedimiento restaurativo» no eximirá de la práctica de las diligencias indispensables para la comprobación de delito (con los efectos interruptivos del plazo de prescripción que podrían producir, según los casos). Además, en

estos casos, distingue, a efectos de la forma de terminación del procedimiento penal, en caso de «acuerdo»
en procedimiento restaurativo, entre, por un lado, los
delitos privados y los delitos en los que el perdón del
ofendido extingue la responsabilidad penal (archivo de
las actuaciones), y por otro lado, el resto de los delitos
(conclusión de la instrucción y remisión de la causa al
órgano competente para la celebración del juicio de conformidad en los términos de los artículos 655 y 787 ter
de la Ley de Enjuiciamiento Criminal, o bien, si la causa
estuviese en el órgano de enjuiciamiento, continuación
por los trámites del juicio de conformidad, resoluciones
cuyo alcance interruptivo del plazo de prescripción del
delito podría valorarse).

10

INTERRUPCIÓN DE LA PRESCRIPCIÓN E INICIO DE UN NUEVO CÓMPUTO DEL PLAZO PRESCRIPTIVO

El **artículo 132.2 del Código Penal** precisa que «La prescripción se interrumpirá, **quedando sin efecto el tiempo transcurrido**, cuando el procedimiento se dirija contra la persona indiciariamente responsable del delito, **comenzando a correr de nuevo** desde que se paralice el procedimiento o termine sin condena (...)».

Este precepto ha recogido la doctrina que había establecido la Sala Segunda del Tribunal Supremo. Así, la Sentencia del Tribunal Supremo de 6 de octubre de 1993 afirmó, en relación con el artículo 114 del Código Penal de 1973, que los periodos de tiempo durante los cuales se produjo la interrupción no son «acumulables» a los efectos de completar el plazo de prescripción del delito, por más que el párrafo 2 del citado precepto, a diferencia de la regulación de la prescripción de las penas, no se establecía expresamente se establece la ineficacia del tiempo transcurrido caso de interrupción. La frase «volviendo a correr de nuevo» inserta en el artículo 114 del Código Penal de 1973 no podía tener otro significado más que el que siempre que se produzca un supuesto de interrupción de la prescripción, el período de tiempo tiene que empezar a computarse de nuevo. Este criterio fue mantenido por la consolidada jurisprudencia de la Sala Segunda, tales como, las Sentencias del Tribunal Supremo de 1 de junio de 1992 y 18 de marzo y 31 de mayo de 1993, según las que, interrumpida la prescripción, el tiempo ha de computarse a partir de la nueva paralización del procedimiento, no siendo acumulativos a efectos de prescripción los tiempos en los que, sucesivamente, hubiese estado paralizado el procedimiento. La Sentencia del Tribunal Supremo de 23 de junio de 1993, de forma muy gráfica, afirmó que, pese a la opinión respetable de un sector de la doctrina científica, no existen «tiempos muertos», volviendo, una vez terminados éstos, a reanudar el cómputo del tiempo que corresponda, sino una auténtica interrupción que **obliga a poner «el reloj» de la prescripción en cero**, una vez cesada la causa interruptiva.

La Sentencia del Tribunal Supremo 194/2013, de 7 de marzo, refiere que la dicción del artículo 132.2 del Código Penal es clara al preceptuar que cuando la interrupción se produce «queda sin efecto el tiempo transcurrido» y **se inicia de nuevo el cómputo de la prescripción sin acumular los periodos correspondientes a los tiempos muertos anteriores.**

11

EL TÉRMINO DEL CÓMPUTO DEL PLAZO DE PRESCRIPCIÓN DEL DELITO

El artículo 132.1 del Código Penal establece diversos criterios para fijar el *dies a quo* a partir del cual se inicia el cómputo del plazo de prescripción del delito. Sin embargo, no contiene una previsión específica en cuanto al momento de finalización del plazo.

> Sobre la finalización del plazo conviene recordar que la prescripción del delito se produce en el momento en que se cumplió el plazo con independencia de que la constatación judicial de que es así pueda llegar después (Sentencia del Tribunal Supremo 704/2016, de 14 de septiembre).

El **artículo 5.1 del Código Civil** dispone que «Siempre que no se establezca otra cosa, en los plazos señalados por días, a contar de uno determinado, quedará éste excluido del cómputo, el cual deberá empezar en el día siguiente; y si los plazos estuviesen fijados por meses o años, se computarán de fecha a fecha. Cuando en el mes del vencimiento no hubiera día equivalente al inicial del cómputo, se entenderá que el plazo expira el último del mes».

> Tratándose de **plazos «procesales»**, el artículo 185 de la Ley Orgánica del Poder Judicial afirma que «1. Los plazos procesales se computarán con arreglo a lo dispuesto en el Código Civil. En los señalados por días quedarán excluidos los inhábiles. 2. Si el último día de plazo fuere inhábil, se entenderá prorrogado al primer día hábil siguiente». El artículo 133.3 de la Ley de Enjuicia-

miento Civil señala que «Los plazos señalados por meses o por años se computarán de fecha a fecha. Cuando en el mes del vencimiento no hubiera día equivalente al inicial del cómputo, se entenderá que el plazo expira el último del mes». En este mismo ámbito, el artículo 185 de la Ley Orgánica del Poder Judicial afirma que «1. Los plazos procesales se computarán con arreglo a lo dispuesto en el Código Civil. En los señalados por días quedarán excluidos los inhábiles. 2. Si el último día de plazo fuere inhábil, se entenderá prorrogado al primer día hábil siguiente».

La cuestión que se plantea es si en el cómputo de los plazos de prescripción debe tenerse en cuenta el último día del plazo.

La jurisprudencia menor ha abordado la cuestión. El Auto de la Audiencia Provincial de Sevilla 32/2024, de 8 de enero, considera que en tanto que el artículo 5 del Código Civil dispone el cómputo de la prescripción de fecha a fecha en los plazos fijados por meses o por años (como es el caso de la prescripción de los delitos) y que el inicio del cómputo del plazo de prescripción tiene lugar el día de comisión del delito (ex artículo 132.1 del Código Penal), lo coherente con este sistema de cómputo civil de plazos es considerar que para la finalización del plazo no debe tenerse en cuenta el último día del mismo, pues para el cómputo ya se está tomando en consideración el día inicial. Y si eso es así en el ámbito civil, a fortiori debe serlo en el penal. A mayor abundamiento, debe señalarse que el sintagma «de fecha a fecha» no equivale al sintagma «de momento a momento». El Auto de la Audiencia Provincial de Girona 274/2004, de 11 de mayo, para resolver la cuestión, analiza el origen de la actual redacción del artículo 5 del Código Civil. Esta redacción fue dada por el Decreto 1836/1974, de 31 de mayo, que sancionó con fuerza de Ley el Texto articulado del Título Preliminar del Código Civil y pretendía solucionar los problemas de la normativa anterior. En la tramitación del Proyecto de este Decreto, el dictamen del Consejo de Estado aconsejó referir expresamente que el «dies ad quem» debía considerarse como incluido dentro del plazo. Sin embargo, esta recomendación no se llevó a efecto por considerarse innecesaria, ya que se partía del presupuesto que el «dies a quo estaba fuera del cómputo del plazo», y que «efectivamente, como afirma la doctrina civil, cuando no se establece que el inicio del plazo es el dies a quo, el indicado plazo comienza a contar desde el día siguiente. Pero, por el contrario, en aquellos casos en los que sí se establece que el inicio es ese día, entonces el plazo termina a las 24 horas del día anterior». Y, trasladando ello a la prescripción del delito, el artículo 132.1 del Código Penal consagra que los términos previstos en el artículo precedente se computarán desde el día en que se haya cometido la infracción punible, por lo que, el día en el que se realiza la infracción penal ha de incluirse dentro del plazo, terminando a las 24 horas del anterior del año correspondiente. La Sentencia de la Audiencia Provincial de Murcia 190/2022, de 21 de junio, concluye que el término final coincidirá con el inicio del último día del plazo establecido y no con el final de ese día.

12

PRESCRIPCIÓN DEL DELITO Y PRESCRIPCIÓN DE LA INFRACCIÓN ADMINISTRATIVA

La Sentencia del Tribunal Supremo 329/2007, de 30 de abril, considera que el derecho penal es autónomo y no accesorio de otras ramas del derecho administrativo, civil, etc., de modo que, las conductas que tipifica y sanciona las atrae para sí y quedan al margen de cualquier otra regulación por lo que inicialmente pudieran verse afectadas, no modificándose por ello los plazos prescriptivos, pues nada obsta a que el delito se someta legalmente a plazos más largos que la infracción administrativa en razón de su mayor gravedad. Consecuentemente, la prescripción administrativa de las deudas no afecta a su exigencia vía penal, de aquélla no se sigue en absoluto como efecto necesario de la desaparición de todo bien jurídico merecedor de tutela (Sentencia del Tribunal Supremo 751/2003, de 28 de noviembre). La prescripción extinguirá en su caso la deuda administrativa pero no la derivada del ilícito penal, en este caso delito de estafa (Sentencias del Tribunal Supremo 336/2004, de 15 de julio, 1807/2001, de 30 de octubre, y 1688/2000, de 6 de noviembre).

Numerosas resoluciones de la Sala Segunda, por ejemplo, las Sentencias del Tribunal Supremo de 6 de noviembre de 2000, 10 de octubre de 2001, 30 de octubre de 2001, 15 de julio de 2002, 5 de diciembre de 2002 y 30 de abril de 2003, han declarado la independencia de los plazos previstos en el artículo 131 del Código Penal y los plazos de la Administración para perseguir la infracción administrativa. Si la relación entre el delito y la infracción administrativa es meramente cuantitativa, en atención de la mayor o menor gravedad del injusto, resulta lógico que el delito fiscal —lo más grave— se sujete a un mayor plazo de prescripción (Sentencia del Tribunal Supremo 524/2019, de 30 de octubre).

13

PRESCRIPCIÓN DEL DELITO Y PRESCRIPCIÓN DE LA ACCIÓN CIVIL EJERCITADA EN EL PROCESO PENAL

13.1. Las obligaciones civiles *«ex delicto»*

La comisión de cualquier ilícito penal trae consigo el nacimiento de la acción orientada al castigo del culpable, que podrá ser ejercitada a través de los propios órganos del Estado (acusación pública) o directamente por los particulares (acusación privada y acusación particular) en atención a la naturaleza del ilícito cometido. Al contrario, la «acción civil» es **contingente,** tanto en un sentido sustancial, como procesal. Sustancialmente, porque no todos los ilícitos penales producen un perjuicio evaluable económicamente a persona o personas determinadas. Procesalmente, porque el ejercicio de la acción civil en el proceso penal puede resultar exceptuado bien por la renuncia de su titular, bien por la reserva de las acciones correspondientes para ejercitarlas ante la jurisdicción civil (Sentencia del Tribunal Supremo 1036/2007, de 12 de diciembre, y más recientemente, Sentencias del Tribunal Supremo 507/2020, de 14 de octubre, 670/2020, de 10 de diciembre, 25/2022, de 14 de enero, y 297/2024, de 3 de abril).

La Sentencia del Tribunal Supremo 30/2022, de 19 de enero, que trata la doctrina fijada por la Sala Segunda en materia de devengo de intereses legales, con cita de diversos precedentes, y entre ellos, la Sentencia del Tribunal Supremo

298/2003, de 14 de marzo), concluye que **las obligaciones civiles «***ex delicto***» no nacen propiamente del delito** (aunque es necesario la declaración de su existencia), **sino de los hechos que lo configuran**, en cuanto **originadores de la restitución de la cosa, reparación del daño e indemnización de los perjuicios**. En este sentido, se pronunciaron las Sentencias del Tribunal Supremo 394/2009, de 22 de abril, y 758/2016, de 13 de octubre. Esta idea se encontraba expuesta en la Sentencia del Tribunal Supremo de 18 de octubre de 1988.

En principio, solo son susceptibles de resolverse en el proceso penal aquellos «efectos civiles» que son «**consecuencia directa del delito**» (y no aquellos otros que, pudiendo estar «vinculados» a la infracción penal, no «traen causa» de ella) **y que, además, puedan integrarse en alguno de los contenidos definidos en el artículo 110 del Código Penal**. En el proceso penal no son ejercitables reclamaciones patrimoniales basadas en «legislación extrapenal», **salvo que exista una atribución específica**. Así se infiere del **artículo 615 de la Ley de Enjuiciamiento Criminal**, pieza legal clave para entender la posición jurisprudencial: en el proceso penal solo cabe decidir la responsabilidad civil de terceros cuando el título de reclamación tome como base la regulación del Código Penal: «Cuando en la instrucción del sumario aparezca indicada la existencia de responsabilidad civil de un tercero con arreglo a los artículos respectivos del Código Penal (…)». Por eso, por ejemplo, la responsabilidad patrimonial del Estado construida con arreglo a las normas administrativas no se puede reclamar en un proceso penal (vid Sentencias del Tribunal Supremo de 12 de mayo de 1999 y 1164/2001, de 18 de junio). Ni tampoco, en rigor, los salarios derivados de un contrato de trabajo que pudiera revestir caracteres delictivos (Sentencia del Tribunal Supremo 639/2017, de 28 de septiembre).

13.2. Plazo de prescripción, *dies a quo* y causas de interrupción

La Sentencia del Tribunal Supremo, Pleno, 364/2021, de 29 de abril, afirma que **el dato del «marco procesal» en que se ejercitan las acciones civiles no varía ni su naturaleza ni su régimen sustantivo, aunque pueda incidir indirectamente en algunas cuestiones.**

En el **plano sustantivo**, la «responsabilidad civil ex delicto», pese a la identidad de naturaleza con la responsabilidad civil extracontractual (artículo 1902 del Código Civil) o, en su caso, incluso contractual (delitos de apropiación indebida, por ejemplo), mantiene en nuestro ordenamiento una especificidad de régimen en algunas singulares cuestiones que persiste por más que haya sido objeto de aceradas críticas doctrinales. La prescripción y el régimen de solidaridad o subsidiariedad cuando concurren varios responsables son las más significativas.

En cuanto a la **relación entre la prescripción del delito y la prescripción civil** pueden establecerse las siguientes conclusiones derivadas de la Sentencia del Pleno del Tribunal Supremo 364/2021, de 29 de abril:

a) **debe rechazarse la tesis que propugna equiparar el plazo de prescripción de la acción civil con el del delito**, de la que se encuentran ecos no solo en alguna vieja jurisprudencia (Sentencias del Tribunal Supremo de 25 de abril de 1956, 18 de junio de 1968, 28 de septiembre de 1971, 29 de marzo de 1976 o 9 de febrero de 1998), sino también, en algunas más cercanas en el tiempo (Sentencias del Tribunal Supremo 749/2017, de 21 de noviembre, con cita de otras, o 121/2021, de 11 de febrero, aunque no se trata en absoluto de la ratio decidendi, sino un marginal obiter dictum).

La Sentencia del Tribunal Supremo 121/2021, de 11 de febrero, que se remite a la Sentencia del Tribunal Supremo 414/2016, de 17 de mayo, (ambas anteriores a la Sentencia del Pleno del Tribunal Supremo 364/2021, de 29 de abril), recordaban como la Sentencia del Tribunal Constitucional 17/2008, de 31 de enero, con cita de las Sentencias del Tribunal Constitucional 367/1993, de 13 de diciembre, FJ 3, 135/2001, de 18 de junio, FJ 7, y 15/2002, de 28 de enero, FJ 4), había reiterado que en nuestro ordenamiento jurídico:

- el proceso penal no queda limitado al ejercicio y conocimiento de la acción penal, sino que, al contrario, en el proceso penal puede ejercitarse y decidirse también la acción civil dirigida a satisfacer la responsabilidad civil derivada del hecho ilícito que es constitutivo de delito o falta.

- el legislador, por razones de economía o de oportunidad, considera que el ejercicio de la acción penal lleva aparejado el ejercicio de la acción civil, de forma que salvo que el perjudicado por el hecho delictivo haya renunciado a la acción civil o se haya reservado expresamente esta acción para ejercitarla después de terminado el proceso penal en el correspondiente juicio civil (artículo 112 de la Ley de Enjuiciamiento Criminal),

- la sentencia que ponga fin al proceso penal, en el caso de que sea condenatoria (y excepcionalmente, cuando sea absolutoria en los supuestos del artículo 118 del Código Penal) deberá pronunciarse también sobre la responsabilidad civil ex delicto.

- a este fin, el Ministerio Fiscal está obligado, haya o no acusador particular, a ejercer la acción civil, salvo que el perjudicado haya renunciado o se haya reservado las acciones civiles (artículo 108 de la Ley de Enjuiciamiento Criminal). De este modo, el legislador ha querido que la sentencia penal decida definitivamente toda las consecuencias penales y civiles derivadas del hecho delictivo, salvo el supuesto de renuncia o de reserva de las acciones civiles por parte del perjudicado, pues no existiendo esta renuncia o reserva de acciones el Ministerio Fiscal ostenta una legitimación extraordinaria o por sustitución para ejercer, en nombre de los perjudicados, las acciones civiles que puedan corresponderles, por lo que, ejercitadas estas acciones por el Fiscal, el perjudicado no podrá ya volver a ejercitarlas en un posterior proceso civil, salvo que se trate de cuestiones civiles no discutidas en la previa sentencia penal.

Consecuencia de esta acumulación accesoria de la acción civil a la acción penal es:

- que mientras no prescriba el delito, no prescribe la acción civil dimanante del mismo (Sentencia del Tribunal Supremo 639/2017, de 28 de septiembre); y

- lógica y consecuentemente la querella (regulada en los artículos 270 y siguientes de la Ley de Enjuiciamiento Criminal), claro que interrumpe la prescripción, basta leer los artículos 1969 y 1973 del Código Civil a la luz del artículo 132.2 del Código Penal.

La razón de ello encontraría explicación en considerar la acción civil como nacida del delito y, por lo tanto, una derivación de la penal, que quedaría condicionada por el delito del que surge, y que tendría apoyo en artículos como el artículo 100 de la Ley de Enjuiciamiento Criminal,, cuando dice que «de todo delito o falta nace acción penal para el castigo del culpable, y puede nacer también acción civil para la restitución de la cosa, la reparación del daño y la indemnización de perjuicios causados por el hecho punible», o en el 1092 del Código Civil, que establece que «las obligaciones civiles que nazcan de los delitos o faltas se regirán por las disposiciones del Código penal».

b) **la citada asimilación está descartada en la mayoritaria jurisprudencia actual** (vid Sentencias del Tribunal Supremo 507/2020, de 14 de octubre, o 467/2018, de 15 de octubre). No cuenta con la base legal que sí descubrimos en otros ordenamientos (artículo 10.1 del Código Procesal Penal francés; artículo 493.3 del Código Civil portugués; o artículo 2947.3 del Código Civil italiano).

c) son, por ello, imaginables situaciones en que esté prescrito el delito y perviva la acción civil, y así:

- ello sucedía con facilidad en materia de las faltas y ahora puede aparecer ocasionalmente en los delitos leves; y

- sucede cuando han existido reclamaciones específicas que han interrumpido el plazo de prescripción civil pero no el penal, como, por ejemplo, el acto de conciliación previo a una querella por injurias).

d) también cabe la situación en que la acción civil haya prescrito y la perseguibilidad del delito permanezca viva (por ejemplo, por contar con un plazo prescriptivo más largo).

e) prescripción civil y prescripción penal son instituciones distintas y disciplinadas por regímenes diferenciados (significativo es, por ejemplo, que la prescripción civil solo es apreciable a instancia de parte, y la penal puede y debe decretarse de oficio) aunque tengan en último término una raíz común.

El **artículo 1092 del Código Civil** señala que las obligaciones civiles que nazcan de los delitos o faltas «se regirán por las disposiciones del Código Penal» y los artículos 109 a 121 del Código Penal contienen esta regulación, mientras que, los artículos 100 y siguientes de la Ley de Enjuiciamiento Criminal se refieren al ejercicio de la acción civil en el proceso penal. No obstante, ambos textos legales no colman toda la regulación de esta materia y, en lo que aquí interesa, **no regulan el plazo de prescripción para el ejercicio de la acción civil.** La Sentencia del Tribunal Supremo 310/2020, de 15 de junio, entiende que esta singular regulación parece que tiene su origen en raíces históricas, ya que el Código Civil se promulgó después del Código Penal y la doctrina ha puesto de manifiesto que esta duplicidad normativa origina ciertos desajustes interpretativos. En cualquier caso, la Sala Segunda ha declarado que «[...] las normas sobre responsabilidad civil contenidas en el Código Penal pueden integrarse con lo que el Derecho Civil dedica a las distintas formas de responsabilidad civil, las cuales tendrán así carácter supletorio respecto de los artículos 109 y siguientes Código Penal, supletoriedad que no se refiere única y exclusivamente a las normas relativas a la responsabilidad extracontractual, sino a todas las disposiciones civiles reguladoras de las distintas modalidades de responsabilidad, y por supuesto, a la responsabilidad contractual [...]» (Sentencia del Tribunal Supremo 646/2005, de 19 de mayo). **La regla básica que debe seguir la jurisdicción penal es que la comisión de cualquier delito dará lugar a la indemnización de daños y perjuicios, conforme a lo previsto en el artículo 109 del Código Penal, afirmación que no es incompatible con determinadas prescripciones del Código Civil, referentes a «acciones específicas».** Es el caso de la acción de nulidad de los contratos regulado en capítulo VI, Título II del Libro IV del Código Civil.

La jurisprudencia, partiendo del referido artículo 1092 del Código Civil (puesto en relación con el artículo 117 del Código Penal de 1973, que establecía que «la responsabilidad civil nacida de delito o falta se extinguirá de igual modo que las demás obligaciones, con sujeción a las reglas del Derecho Civil») viene entendiendo aplicable a «**la acción civil nacida de delito**» un plazo prescriptivo diferente al general de un año de la responsabilidad civil extracontractual (artículo 1968 del Código Civil).

Cuando se trate de una «acción personal» que no tenga señalado un «plazo especial de prescripción» será aplicable el plazo general de prescripción del artículo 1964 del Código Civil (ex Sentencia del Tribunal Supremo 600/2007, de 11 de septiembre). Respecto a que el plazo de prescripción de la acción civil derivada del delito era el previsto en el artículo 1964 del Código Civil para la «acción personal que no tiene señalado término especial de prescripción», fue afirmado, entre otras, en las Sentencias del Tribunal Supremo 7/2000, de 18 de enero de 2001, 329/2007, de 30 de abril, y 639/2017, de 28 de septiembre. **El artículo 1964 del Código**

Civil establecía originariamente un plazo de prescripción de quince años, pero la Ley 42/2015, de 5 de octubre, de reforma de la Ley 1/2000 de 7 de enero, de Enjuiciamiento Civil, redujo ese plazo a cinco años. Este cambio normativo determina la existencia de un problema adicional, cual es, el régimen transitorio de la citada reforma del Código Civil. Esa concreta cuestión es analizada con profundidad en las citadas Sentencias del Tribunal Supremo 507/2020, de 14 de octubre y 467/2018, de 15 de octubre.

Por otro lado, no existe ninguna norma que excepcione el régimen de ejercicio de las acciones civiles en reclamación de la **responsabilidad civil subsidiaria** de las de reclamación de cualquier otra clase de responsabilidad civil en el proceso penal, excepto las derivadas de la propia relación de subsidiariedad, y desde luego, no en cuanto al régimen de prescripción, tanto en lo referido a plazos, cómputos o interrupción de la prescripción (Sentencia del Tribunal Supremo 413/2016, de 13 de mayo).

Como se verá más adelante, la anterior consideración en cuanto al plazo prescriptivo de la acción civil nacida del delito no aplica a las obligaciones civiles (o de otros órdenes extrapenales, por ejemplo, obligaciones tributarias) que, no constituyendo «responsabilidad civil nacida de delito», pueden excepcionalmente ejercitarse en el proceso penal por expresa previsión legal. Por otro lado, surge la cuestión de la aplicación de este plazo residual del artículo 1964 del Código Civil en aquellos territorios donde existe un derecho civil foral o especial propio, pues esta normativa puede prever un plazo genérico de prescripción distinto al establecido por aquel precepto. También debe recordarse que una vez dictada Sentencia firme, la acción civil deviene en imprescriptible, tal y como ha declarado la Sentencia del Tribunal Supremo, Pleno, 607/2020, de 13 de diciembre, conforme a la cual «Declarada la firmeza de la sentencia, la ejecución de sus pronunciamientos civiles puede continuar hasta la completa satisfacción del acreedor, según previene el artículo 570 de la LEC, sin que le sea de aplicación ni la prescripción ni la caducidad».

Por su importancia práctica debe hacerse mención a que la restitución del bien (prevista en el artículo 111.1 del Código Penal) a través de la nulidad del negocio por el que fue transmitido es un mecanismo habitual cuya corrección ha sido puesto de relieve por la Sala Segunda, y así, en la Sentencia del Tribunal Supremo 685/2005, de 2 de junio, en un delito de estafa instrumentado a través de un contrato de compraventa, la Sala Segunda acordó su nulidad como forma de restitución y dispuso, en caso de no ser posible, una indemnización de daños y perjuicios, conforme al artículo 109 del Código Penal» (Sentencia del Tribunal Supremo 310/2020, de 15 de junio). En principio, no existe obstáculo jurídico alguno para la declaración de nulidad, en el mismo proceso penal, de aquellos negocios jurídicos que sirven de falsa cobertura para la obtención de un lucro económico a costa de un tercero. La Sala Segunda ha afirmado de forma reiterada, básicamente en relación con la responsabilidad civil derivada del delito de alzamiento de bienes, que en esta clase de infracciones penales la reparación civil no se produce ordinariamente a través de una indemnización de perjuicios, sino por medio de la restitución de la cosa (artículos 109 a 111 del Código Penal) que indebidamente salió del patrimonio del deudor o de la declaración de nulidad de los gravámenes ilícitamente constituidos. Y cuando se ha realizado un negocio jurídico en la comisión del delito, tal reparación civil se realiza a través de la declaración de nulidad de dicho negocio (Sentencia del Tribunal Supremo 852/2022, de 27 de octubre, que recoge la doctrina establecida por otras anteriores y que tiene su origen en la Sentencia del Tribunal Supremo 167/2008, de 14 de abril, que, a su vez, recoge una doctrina jurisprudencial previa). Dos preceptos civiles son relevantes en este tipo de supuestos: el artículo 6.3 del Código Civil, que establece que «los actos contrarios a las normas imperativas y a las prohibitivas son nulos de pleno derecho, salvo que en ellas se establezca un efecto distinto para el caso de contravención» y el artículo 1275 del Código Civil, que dispone «Los contratos sin causa, o con causa ilícita, no producen efecto alguno. Es ilícita la causa cuando se opone a las leyes o a la moral». La **simulación contractual** da lugar a la **nulidad absoluta o radical del contrato** simulado pues falta en el mismo la causa como elemento fundamental exigido por el artículo 1261.3º del Código Civil. Se trata de una nulidad radical, sin posibilidad de sanación posterior, que resulta predicable tanto en los supuestos de simulación absoluta, como en los de simulación relativa, si bien en este último caso referida al contrato simulado bajo cuya apariencia pudiera encubrirse otro fundado en una causa verdadera y lícita (artículo 1276 Código Civil). Como consecuencia de ello la acción para pedir la declaración de nulidad del contrato simulado no está sujeta en su ejercicio a plazo de caducidad o de prescripción alguno, pues lo que no existe no puede pasar a tener realidad jurídica por el transcurso del tiempo (Sentencia del Tribunal Supremo 826/2007, de 22 de febrero). Ante la imposibilidad de hacer efectiva la acción de nulidad por haber pasado el bien a terceros de buena fe, es correcto fijar una indemnización de daños y perjuicios, como reparación sustitutiva a la restitución del bien. No obstante lo anterior, no cabe ocultar que el Código Civil contiene una previsión para este supuesto en el artículo 1307 del Código Civil precepto que no puede ser entendido de forma aislada sino en conexión con los artículos precedentes. Este precepto exclusivamente las consecuencias para el contratante que no pueda devolver la cosa por consecuencia de la declaración de nulidad. En tal supuesto el Código Civil obliga a ese contratante a devolver el valor de la cosa con los frutos percibidos. El contratante que no haya cometido el delito no tiene obligación de devolución conforme al artículo 1306.2 del Código Civil por lo que no tiene la carga de realizar ninguna prestación. Para él la declaración de nulidad supone recibir el bien o su valor con sus frutos, sin que venga obligado a devolver lo recibido (Sentencia del Tribunal Supremo 310/2020, de 15 de junio).

Tal y como refiere la Sentencia del Tribunal Supremo 177/2022, de 24 de febrero, en la Sentencia del Pleno del Tribunal Supremo 364/2021, de 29 de abril, se afirmó que **si los hechos delictivos están prescritos, no puede exigirse la responsabilidad civil dimanante de ellos en un proceso penal.** La Sentencia del Tribunal Supremo 314/2020, de 15 de junio, indica que la acción penal haya prescrito **no impide que subsista la civil, aunque deberá ejercitarse en un proceso civil.** Esa circunstancia (acción penal extinguida por prescripción y acción civil viva) puede producirse no solo en virtud del distinto plazo prescriptivo, sino también por cuanto el régimen del dies a quo, así como de las causas de interrupción de la prescripción están diferenciados. **También es posible la situación inversa: acción civil prescrita, y, sin embargo, subsistencia de la acción penal.** La Sentencia del Tribunal Supremo 414/2015, de 6 de julio, en el mismo sentido, señaló que declarada la prescripción del delito y extinguida en consecuencia la responsabilidad criminal de la acusada, ningún pronunciamiento procedía en este proceso acerca de la eventual responsabilidad civil derivada del delito, sin perjuicio de que la misma pudiera resultar declarada en el marco de la jurisdicción civil.

Por otro lado, en lo referente al **ejercicio de la acción civil derivada del delito en el proceso civil,** la Sentencia de la Sala Primera del Tribunal Supremo 1646/2023, de 27 de noviembre, precisa que para que concurra «responsabilidad civil derivada de delito» debe haber un previo pronunciamiento de responsabilidad penal (Sentencias de la Sala Primera del Tribunal Supremo 34/2004, de 31 de enero, 148/2015, de 27 de marzo, y 327/2020, de 22 de junio, entre otras muchas). En este caso, la responsabilidad civil estaría sujeta al plazo de prescripción del artículo 1964 del Código Civil (Sentencia de la Sala Primera del Tribunal Supremo 287/2019, de 23 de mayo, y las que en ella se citan). Por el contrario, conforme a la misma jurisprudencia citada, en los supuestos de ausencia de condena penal, el plazo de prescripción de la acción de responsabilidad civil será el previsto en el artículo 1968.2 del Código Civil en relación con el artículo 1902 del Código Civil. La Sentencia de la Sala Primera del Tribunal Supremo 148/2015, de 27 de marzo, afirma que para aplicar la acción «ex delicto» se requiere la existencia de condena y no cabe en los supuestos de absolución, sobreseimiento, o archivo, al resultar precisa declaración penal al efecto, y mal puede surgir la acción civil derivada, en relación a la ausencia de ilicitud penal de los hechos denunciados (Sentencias de la Sala Primera del Tribunal Supremo de 26 de octubre de 1993, 10 de mayo de 1994, 19 de mayo de 1997, 14 de abril de abril de 1998 y 20 de noviembre de 2001), lo que no ocurre en este caso en que no haya sido condenado en la causa penal en tanto fue archivada por demencia sobrevenida del acusado.

No debe confundirse el momento de inicio de la prescripción civil con el de la prescripción penal, pues como señala la Sentencia del Tribunal Supremo 414/2015, de 6 de julio, como dispuso la Sentencia del Tribunal Supremo 383/2007, de 10 de mayo, hoy se reacciona frente a dicha concepción, desasimilando la prescripción penal del delito, cuestión de derecho material, de la prescripción de la acción civil, lo que conlleva implicaciones procesales de suma relevancia. Muy certeramente se suele destacar que la prescripción en materia civil adquiere su efectividad por vía de excepción, apostando, en la filosofía de su instauración, por la idea de sanción al negligente, presunción de incuria o abandono, radicando en ello el viejo apotegma «contra non valentem agere, non currit praescriptio», en tanto que, la prescripción en materia penal viene a ser un modo de dar por extinguido el delito ante poderosas razones de política criminal y utilidad social, cuales son el aquietamiento que el transcurso del tiempo produce en la conciencia ciudadana, la aminoración, cuando no eliminación, de la alarma social producida, el palidecimiento de la resonancia antijurídica del hecho ante el efecto invalidador del tiempo sobre los acontecimientos humanos, dificultades de acumulación y reproducción del material probatorio, y hasta grave impedimento en el acusado para hacer posible su justificación. Así en relación a la prescripción civil la Jurisprudencia de esta Sala Primera Tribunal Supremo, por ejemplo, la Sentencia del Tribunal Supremo 528/2013, de 4 de septiembre, precisa que el inicio del plazo prescriptivo comienza desde el día en que las acciones pudieron ejercitarse. El conocimiento del daño injusto es el que ha de determinar el comienzo del plazo prescriptivo, aquel en que el litigante dispone de todos los medios para litigar con fundamento, Sentencia del Tribunal Supremo 376/2013, de 12 de junio. La prescripción penal, frente al principio civil de la actio nata, se inicia con la fecha de comisión del delito y no a la fecha de su descubrimiento, el artículo 132.1 del Código Penal, recuerda que «los términos previstos en el artículo precedente se computaran desde el día en que se haya cometido la infracción punible». Siendo así, la consumación se produce cuando habida cuenta la estructura típica de cada figura delictiva se han de estimar realizados los actos ejecutivos del tipo o elementos objetivos y subjetivos integrados en el mismo.

El artículo 1973 del Código Civil recoge que **la prescripción de las acciones civiles se interrumpe** por su ejercicio ante los Tribunales, por reclamación extrajudicial del acreedor y por cualquier acto de reconocimiento de la deuda por el deudor. La jurisprudencia ha expresado que por reclamación ante el Tribunal se entiende el inicio del proceso penal contra un inculpado (Sentencia del Tribunal Supremo 507/2020, de 14 de octubre, caso «Gürtel»), sin que sea factible diferenciar si la obligación nace de la ley, de los contratos y cuasi contratos, o de los actos y omisiones ilícitos o en que intervenga cualquier género de culpa o negligencia (artículo 1089 del Código Civil). Solo cuando la acción se dirija contra un responsable civil (directo, subsidiario o partícipe a título lucrativo) que no haya sido llamado en la fase de instrucción, la interrupción precisará de la presentación contra él del escrito de conclusiones provisionales. Solo en estos supuestos se debe entender que no es la denuncia o la querella presentadas, ni el auto de incoación de las diligencias previas, los que interrumpen la prescripción de la acción civil por enriquecimiento injusto acumulada en el proceso penal contra el partícipe a título lucrativo, sino la presentación del escrito de acusación, como equivalente funcional a la reclamación en una demanda civil. Por lo tanto, habiéndose incoado las diligencias previas contra una persona en su condición de inculpada y sin reserva de acciones civiles para su ejercicio en un procedimiento civil separado, estaba ejercida la reclamación reparatoria contra ella y debía entenderse interrumpido el plazo de prescripción de una acción que finalmente se materializó como partícipe a título lucrativo (Sentencia del Tribunal Supremo 1002/2024, de 28 de noviembre).

La Sentencia del Tribunal Supremo 463/2022, de 12 de mayo, apunta que en cuanto a la eventual interrupción de la prescripción del delito como consecuencia de las reclamaciones extrajudiciales formuladas por quienes aquí ejercitaron la acusación particular, desde luego, es cierto que, conforme lo determina el artículo 1973 del Código Civil, la prescripción de la acción civil se interrumpe, entre otros supuestos, por la reclamación extrajudicial. Sin embargo, es también muy evidente que la prescripción del delito obedece a razones y presenta fundamentos muy distintos de los que pueden predicarse de los propios de este mismo instituto, la prescripción, cuando de acciones civiles se trata. Ya sea por la pérdida de interés del Estado en perseguir conductas delictivas lejanas en el tiempo, por la falta de necesidad de pena en tales casos, o por otras razones, transcurridos determinados períodos, establecidos legalmente en atención (y proporción) a la gravedad del delito cometido, que han de mediar entre la fecha en que éste se consumó y el momento en que el procedimiento penal se dirige frente a su eventual responsable, la responsabilidad penal debe reputarse extinguida (artículo 130.6º del Código Penal). Dichos periodos pueden ser, también cuando nos encontramos en el ámbito de la prescripción del delito, interrumpidos. Pero no, desde luego, por las causas que producen dicho efecto cuando de responsabilidades civiles se trata; sino por las expresa y taxativamente previstas en el artículo 132.2 del Código Penal. Cometido aquí el delito el pasado día 29 de agosto de 2008 y presentada la querella el 12 de mayo de 2014, es claro que solo puede desestimarse ahora este motivo de impugnación.

En un plano procesal, el ejercicio de la acción civil en el proceso penal repercute en aquélla modulándola, aunque teóricamente la acción es la misma se ejercite en esta vía o se ejercite separadamente. La pretensión civil activada en el proceso penal sigue siendo una acción civil (Sentencia del Pleno del Tribunal Supremo 364/2021, de 29 de abril):

a) que se rige por el principio dispositivo (solo es apreciable si es invocada, a diferencia de la prescripción penal decretable de oficio) y el principio de rogación (que no acusatorio, Sentencia del Tribunal Supremo 341/2020, de 22 de junio).

b) que cuenta con un régimen probatorio ordinario (el estándar de lo más probable y no la certeza más allá de toda duda razonable necesaria para la prosperabilidad de una acción penal: vid, entre muchas, Sentencias del Tribunal Supremo 341/2020, de 22 de junio, 302/2017, de 27 de abril, 639/2017, de 28 de septiembre, 209/2020, de 21 de mayo, 675/2019, de 21 de enero de 2020, y 334/2020, de 19 de junio, o Sentencias del Tribunal Europeo de Derechos Humanos de 11 de febrero de 2003, asunto Y contra Noruega, § 40, y de 24 de septiembre de 2013, asunto Sardón Alvira contra España).

c) que, incluso, en ese estricto ámbito civil, es admisible un empeoramiento de la situación de la parte pasiva por razones fácticas a través de un recurso devolutivo (Sentencia del Tribunal Supremo 726/2020, de 11 de marzo de 2021).

En fin, la acción civil ejercitada en el seno del procedimiento penal no deja de regirse por los principios que le son propios.

13.3. Las obligaciones civiles o de otros órdenes extrapenales que se pueden exigir en el proceso penal sin ser «responsabilidad civil *ex delicto*»

Conviene adelantar **dos precisiones. No toda** la «responsabilidad civil nacida de un delito» se ejercita en el proceso penal (responsabilidad contable, supuestos de rebeldía o de reserva por el perjudicado, denegación de un suplicatorio, o fallecimiento del acusado), **ni todas** las acciones civiles que pueden ejercitarse en el proceso penal constituyen «responsabilidad civil *ex delicto*» (artículo 1093 del Código Civil).

De esta forma, existen obligaciones civiles (o de otros órdenes extrapenales, por ejemplo, obligaciones tributarias) que, no constituyendo «responsabilidad civil nacida de delito», pueden excepcionalmente ejercitarse en el proceso penal por expresa previsión legal. Esta posibilidad tiene su fundamento en razones de política criminal, en concreto, evitar el peregrinaje de jurisdicciones y no rigen los plazos de prescripción relativos a la «responsabilidad civil *ex delicto*», sino el «plazo que sea propio de la obligación», que jugará cualquiera que sea el proceso en que se ventile. A tal efecto, la **Sentencia del Pleno del Tribunal Supremo 364/2021, de 29 de abril**, refirió la existencia de obligaciones civiles (o de otro orden) no nacidas «directamente» de delito que, sin embargo, por declaración legal expresa o por virtud de una interpretación jurisprudencial sí cabe ejercitar en el proceso penal, como, **por ejemplo:**

a) Los resarcimientos debidos a daños no típicos, pero causados a raíz de un delito de riesgo (Sentencia del Pleno del Tribunal Supremo 390/2017, de 30 de mayo), que se pueden reclamar en el proceso penal, pero su régimen sustantivo será el que deriva del Código Civil y que en cuanto a su plazo de prescripción será el previsto en la legislación correspondiente y no el de cinco años del artículo 1964 del Código Civil.

b) La deuda tributaria en los delitos de los artículos 305 y siguientes del Código Penal, para la que se entiende que, aunque no sea una obligación pecuniaria nacida de delito (la deuda es previa) y no se rija por el Código Penal (sino por la normativa tributaria), ha podido exigirse en el proceso penal por expresa voluntad del legislador (Sentencias del Tribunal Supremo 277/2018, de 8 de junio y 704/2018, de 15 de enero de 2019).

c) El artículo 193 del Código Penal, que dispone que «En las sentencias condenatorias por delitos contra la libertad sexual, además del pronunciamiento correspondiente a la responsabilidad civil, se harán, en su caso, los que procedan en orden a la filiación y fijación de alimentos».

d) Las pensiones no satisfechas en el delito del artículo 227 del Código Penal. La inclusión del delito de impago de pensiones en la reforma operada en el Código Penal de 1973 por la Ley Orgánica 3/1989, de 21 de junio, generó una encendida controversia en cuanto a si la sentencia penal debía acordar como responsabilidad civil el pago de las pensiones no abonadas. La posición más ortodoxa, y más extendida, negó esa posibilidad al considerar que el delito no provocaba esa obligación, pues consistía, justamente, en no pagar deudas ya devengadas y, lo que es aún más significativo, ya fijada judicialmente. Al igual que en el viejo delito de cheque en descubierto o en los delitos de alzamiento de bienes, no podría hablarse de «responsabilidad civil generada por el delito» en tanto que existía previamente: la deuda era el «presupuesto del delito y no su consecuencia». Esa solución causaba insatisfacción. En la práctica convivieron las dos posturas. **La polémica acabó zanjada por el Código Penal 1995,** que incluyó una previsión específica, cuya existencia es muestra de que, si no se dijese, no quedaría comprendida por las disposiciones de los artículos 110 y siguientes del Código Penal. El artículo 227.3 del Código Penal afirma rotundamente, sin dejar espacio a la discrepancia, que «la reparación del daño procedente del delito comportará siempre el pago de las cuantías adeudadas». El hecho de que la ley se sienta obligada a proclamarlo explícitamente sugiere que, sin tal previsión, la conclusión debería ser otra. Eso no impide que en ocasiones puedan identificarse y acreditarse «otros perjuicios económicos ligados al impago» que eventualmente podrían generar una «obligación de indemnizar por conceptos diferentes a las pensiones adeudadas». Pues bien, **esa obligación civil de pago de pensiones impuesta en sentencia** (que en rigor puede reclamarse en el mismo proceso de ejecución en familia, aunque exista un proceso penal en trámite) **no es «responsabilidad civil que nazca de un delito». Se generó antes. Es una «obligación nacida de la ley».** No se transforma por el hecho de que su incumplimiento haya podido dar lugar a un proceso penal en el que viene a ser exigida. Sigue siendo la misma obligación, con idéntico régimen, y con idéntico obligado, aunque pueda convertirse en objeto accesorio del proceso penal. **De ahí que pueda concluirse que no juega para esa obligación el régimen de prescripción de la «responsabilidad civil nacida de delito», sino el específico de esa obligación** que lleva a un plazo de cinco años en el derecho común y tres en el derecho civil catalán. Ni tampoco es aplicable el régimen de sujetos obligados civilmente de los artículos 118 y siguientes del Código Penal. Por la misma razón que una pensión alimenticia fijada *ex* artículo 193 del Código Penal no atraería plazos de prescripción diferentes a los específicos marcados por la legislación civil. No parece tesis asumible que las pensiones que debía el recurrente hubiesen prescrito al cumplirse tres años de su nacimiento (¡incluso que esa extinción hubiese sido proclamada por el Juez de familia ante la reclamación!) y que, sin embargo, al interponerse una denuncia, fuese cual fuese el tiempo transcurrido, se produjese un insólito efecto resurrección de las pensiones ya fenecidas, de obligaciones extinguidas por prescripción. Item más, si se configura como delito permanente, y se han ido sucediendo reiterados impagos, todas las pensiones de los últimos quince años (situándonos en el régimen anterior a la reforma de 2015) volverían a ser exigibles. Aunque el Juzgado de familia las hubiesen declarado civilmente prescritas, por haberse reclamado previamente ante él. Aunque el argumento gramatical dista de ser inequívoco, puede significarse, a mayor abundamiento, que el artículo 227.3 del Código Penal habla de pensiones adeudadas y no impagadas. No se adeudan las ya prescritas. Las pensiones que nacieron con una antelación superior a tres años a la fecha de interposición de la denuncia estaban y están civilmente prescritas. La condena al abono de las pensiones solo debe abarcar las posteriores, que son las únicas adeudadas. Habiéndose afirmado la naturaleza estrictamente civil de la deuda y su condición de «obligación *ex lege*», que no «*ex delicto*», no suscita duda la aplicabilidad de la legislación autonómica específica (Ley 29/2002, de 30 de diciembre, por la que se aprobó la primera Ley del Código Civil de Cataluña).

14

PRESCRIPCIÓN DEL DELITO Y PRESCRIPCIÓN DE LA ACCIÓN CIVIL CONTRA EL PARTÍCIPE A TÍTULO LUCRATIVO

14.1. El partícipe a título lucrativo

El **artículo 122 del Código Penal** dispone que «El que por título lucrativo hubiere participado de los efectos de un delito, está obligado a la restitución de la cosa o al resarcimiento del daño hasta la cuantía de su participación».

El partícipe a título lucrativo es un **responsable u obligado civil** (que puede ser una «persona física o jurídica», puesto que se trata de la exigencia de una responsabilidad civil y ésta es susceptible de hacerse contra los entes sociales con personalidad reconocida por el derecho), que, sin estar involucrado en la comisión del delito, debe haber «participado» a título lucrativo de los «efectos del delito», en el sentido de haberse **«aprovechado de los efectos del delito por título lucrativo»** (o en otras palabras, haber obtenido de otro un beneficio por un título, causa, razón o motivo que necesariamente ha de ser lucrativo, esto es gratuito, por lo que quedan excluidas las adquisiciones en virtud de negocios no susceptibles de esta calificación jurídica, como son los que tiene carácter «oneroso»), y además, «**ignorar** la existencia de la comisión delictiva de donde provienen los efectos» (ausencia de dolo), a fin de impedir la aplicación del «crimen receptionis» en concepto de autor, cómplice o encubridor (porque el conocimiento de la procedencia delictiva, junto con la recepción material, daría lugar a responsabilidades penales), y su responsabilidad de **carácter civil no nace «ex delito»**, sino que se fundamenta en el principio de que **nadie puede enriquecerse de un contrato con causa ilícita** previsto en el artículo 1305 del Código Civil (lo que genera un derecho de restitución de la cosa y el resarcimiento del perjuicio o daño patrimonial originado al sujeto pasivo del delito mediante la declaración de nulidad de dichos negocios jurídicos), de modo que, el partícipe a título lucrativo responde de forma solidaria (no cumulativa) con el autor o cómplice pero con el límite del importe de «lo que se ha aprovechado» y es traído al proceso penal mediante el ejercicio de una acción acumulada que evita al perjudicado tener que acudir a un proceso civil con las consecuencias de tiempo y coste procesal que ello acarrea.

La Sentencia del Tribunal Supremo 324/2009, de 27 de marzo, recogida en la Sentencia del Tribunal Supremo 467/2018, de 15 de octubre, precisa que es cierto que tal participación lucrativa, no requiere el conocimiento ilícito de la actividad del autor del delito, sino única y exclusivamente la participación, es decir, el hecho objetivo de la recepción del dinero. Pero claro es que está pensado para la intervención de un tercero, de modo alguno para quien está acusado de la comisión delictiva, y resulta absuelto. La cuestión está clara cuando se trata de una persona que fue acusada directamente de cooperadora necesaria del delito objeto de enjuiciamiento, de manera que, en modo alguno es un «tercero» en concepto de partícipe lucrativo. El artículo 122 del Código Penal está pensado para los casos en que no es posible la responsabilidad civil a cargo del acusado, porque el dinero se encuentra en poder de un tercero, que desconoce su origen ilícito, pero que no puede serle atribuido a título delictivo. Esta es la verdadera esencia de la participación lucrativa a que hace referencia dicho precepto.

El **partícipe a título lucrativo** no es un «responsable penal». No puede ser, por tanto, «condenado». Su responsabilidad es exclusivamente «civil», y como tal, ha de ser declarada, por más que se ventile en un proceso penal. A esta conclusión no se opone el hecho de que esa responsabilidad se derive de una acción delictiva ejecutada por otro. La responsabilidad como partícipe a título **lucrativo es una «responsabilidad civil directa»** declarada en sentencia constitutiva, pero cuya existencia en nada puede confundirse con la responsabilidad criminal, pese a que su declaración se verifique en un mismo proceso. No existe una igualdad axiológica entre el «responsable penal» y el «partícipe a título lucrativo». La responsabilidad de este no debe estar expuesta al mismo juicio de reproche que sirve de fundamento a la declaración de culpabilidad penal. Desde este punto de vista, existe una «desconexión con el delito objeto de enjuiciamiento», tanto en relación a su autoría y participación, como respecto a la eventual posibilidad de comisión por un tercero de un delito de encubrimiento. El partícipe a título lucrativo, por definición, no puede tener conocimiento alguno del hecho típico ejecutado por otro y del que se derivan sus activos patrimoniales. Dicho con otras palabras, **el partícipe a título lucrativo participa de los efectos del delito, esto es, participa «del delito», pero no «en el delito».** De ahí que su llamada al proceso no tenga otro objeto que la **interdicción del «enriquecimiento ilícito».** Su exigencia en el proceso penal no puede perder de vista la naturaleza que le es propia. Estamos ante un ejemplo más que evidente de «acumulación heterogénea» en el objeto del proceso. Y esta consideración afecta, no sólo a la ubicación física del responsable en el escenario del juicio oral, sino a las normas que disciplinan su citación para el plenario. De ahí que su comparecencia sea una «carga procesal», más que una obligación (Sentencia del Tribunal Supremo 447/2016, de 25 de mayo).

14.2. Diferenciación entre la responsabilidad del partícipe lucrativo y la pura responsabilidad civil subsidiaria *ex delicto*

La Sentencia del Tribunal Supremo 277/2015, de 6 de abril, afirma que el artículo 122 del Código Penal define al tercero a título lucrativo como aquel que se ha beneficiado en los efectos del delito o falta sin haber participado en el mismo, ni como autor, ni como cómplice.

Por tanto, **el tercero a título lucrativo se define por las siguientes notas**: a) la nota positiva, consistente en el «haberse beneficiado» de los efectos de un delito o falta. b) la nota negativa, referida a «no haber tenido ninguna intervención en tal hecho delictivo», ni como autor, ni como cómplice, pues si fuera así le sería de aplicación el artículo 116 del Código Penal y no el 122 del Código Penal. c) la participación o aprovechamiento de los efectos del delito debe serlo «a título gratuito», es decir, sin contraprestación alguna. d) no se trata de una «responsabilidad *ex delicto*», sino que tiene su fundamento en el principio de que nadie puede enriquecerse de un contrato con causa ilícita, artículo 1305 del Código Civil, siendo, en definitiva, una manifestación aplicable al orden penal del principio conforme al que no cabe un enriquecimiento con causa ilícita, Sentencia del Tribunal Supremo 324/2009, de 27 de marzo. e) la responsabilidad es «solidaria» junto con el autor material, o cómplice, del delito, pero con el límite del importe de lo que se ha aprovechado. En fin, la responsabilidad del partícipe a título lucrativo es solidaria con el responsable penal «hasta el límite del aprovechamiento/enriquecimiento lucrativo que haya tenido». f) la acción civil contra el partícipe a título lucrativo de un delito, al tratarse de una «acción personal», está sujeta a los plazos de prescripción de tales acciones. En definitiva, la gran ventaja que tiene el artículo 122 del Código Penal, equivalente al artículo 108 del anterior Código Penal, es la de permitir que dentro del propio proceso penal el perjudicado pueda obtener el resarcimiento de aquella parte en que se haya beneficiado a título lucrativo el que no haya participado en el delito, lo que dada la naturaleza civil y no penal de la causa, la restitución de no existir tal precepto le hubiera obligado a un proceso civil, con las consecuencias de tiempo y coste procesal que ello acarrea (Sentencias del Tribunal Supremo 324/2009, de 27 de marzo, 212/2014, de 13 de marzo, 287/2014, de 8 de abril, 227/2015, de 6 de abril, 433/2015, de 2 de julio, 467/2018, de 15 de octubre, 665/2018, de 18 de diciembre, cuyos criterios son recogidos por la Sentencia del Tribunal Supremo 507/2020, de 14 de octubre, caso Gürtel, y por la más reciente Sentencia del Tribunal Supremo 522/2023, de 29 de junio).

> La acción que se ejercita contra el partícipe a título lucrativo es una acción por enriquecimiento injusto acumulada al proceso penal que no es derivada del delito pues aquél precisamente desconoce la procedencia ilícita de lo recibido.

Por contra, la responsabilidad civil subsidiaria: a) tiene su origen en el propio delito. b) es una «responsabilidad *ex delicto*». c) la obligación de hacer frente a las consecuencias económicas del delito se amplía a personas que «no participaron» en el delito a consecuencia de la especial relación que une al responsable penal con el responsable civil en los términos y forma declarados en los artículos 120 y 121 del Código Penal, que se refiere a casos de culpa in vigilando, una situación de dependencia, una culpa in eligendo, un beneficio para el responsable civil de lo efectuado por el responsable de la infracción o un mal funcionamiento defectuoso de los servicios públicos. d) su extensión es coincidente con la declarada para el responsable penal. e) su naturaleza es subsidiaria, es decir, en caso de impago por parte del responsable penal.

14.3. El plazo de prescripción, el *dies a quo* y el *dies ad quem* de la acción civil contra el partícipe a título lucrativo

La acción para exigir responsabilidad al partícipe a título lucrativo no es una acción *«ex delicto»*, como puede ser la relativa a la responsabilidad civil subsidiaria, sino una «acción personal», «por enriquecimiento injusto», sujeta al **plazo de prescripción del artículo 1964 del Código Civil**, es decir, de 15 años, si es anterior a la reforma operada por Ley 42/2015, de 5 de octubre, o de 5 años, tras la reforma (Sentencia del Tribunal Supremo 522/2023, de 29 de junio). Se trata de una **«acción personal» que no tiene señalado término especial de prescripción**, lo que determina la aplicación del **artículo 1964.2 del Código Civil**.

La cuestión del **dies a quo** del plazo de prescripción fue analizada por la **Sentencia del Tribunal Supremo 467/2018, de 15 de octubre**, a la vista de que la **Sentencia del Tribunal Supremo 277/2015, de 6 de abril**, había manifestado que la acción civil contra el partícipe por título lucrativo del delito de apropiación, al tratarse de una acción personal, está sujeta a los plazos de prescripción de tales acciones y el día inicial para el cómputo coincide con el inicio de la causa penal, Sentencia del Tribunal Supremo 600/2007, de 11 de septiembre. **Lo que realmente quiso decir** la Sentencia del Tribunal Supremo 227/2015, de 6 de abril, en cuanto se remite a la Sentencia del Tribunal Supremo 600/2007, de 11 de septiembre, es que **los plazos de prescripción se determinan conforme al artículo 1969 del Código Civil, esto es, cuando las acciones pudieran ejercitarse**, lo cual en el caso que se analizaba estaba vinculado directamente al correspondiente proceso penal. Esta «posibilidad de ejercicio» se da, en principio, desde que la acción «nace». El **artículo 1969 del Código Civil**, al señalar el comienzo de la prescripción a partir de que la acción pudo ejercitarse, está acogiendo la teoría de que, como regla, la prescripción comienza cuando la acción nace («teoría de la actio nata»). Esta teoría dejaba sin resolver la cuestión de cuándo debe entenderse que nació, por lo que fue matizada por la «teoría de la realización» que sostiene que la acción ha nacido cuando puede ser realizado el derecho que con ella se actúa. Ahora bien, la ejercitabilidad de la acción que para la prescripción pide la ley, debe ser realizada con criterios objetivos o abstractos y no según las circunstancias personales del titular del derecho. Pero siendo esto así, lo que no cabe admitirse es el comienzo de la prescripción mientras que el hecho que lo generaría «permanezca oculto» y el interesado no haya tenido «medio razonable de conocerlo». Es decir, el tiempo prescriptivo corre desde el instante que haya posibilidad de hacer valer el derecho, esto es, **desde el momento en que el hecho que lo engendra conste de forma notoria**, que es cuando en un sentido lógico y jurídico puede ejercitarlo, porque sería absurdo e injusto computar el plazo cuando el hecho permanece oculto y por consecuencia sin posibilidad de enervarlo o contrarrestarlo de forma eficiente. Por tanto, se puede afirmar, según la doctrina civilista, que **para que haya posibilidad objetiva de ejercitar la acción que sea, es preciso no solo que se hayan realizado los hechos de los que estrictamente hablando, nace su posibilidad de ejercicio, sino también que sean perceptibles externamente en el círculo del interesado**, es decir, que no permanezcan ocultos para éste, pues si lo están, habrá ciertamente posibilidad de ejercicio de la acción, entendida tal posibilidad en su sentido más riguroso, pero socialmente más bien podría decirse que haya una burla de ejercicio posible. Así, **la prescripción para exigir la responsabilidad derivada de un ilícito extracontractual, como norma especial, comienza «desde que lo supo el agraviado». El artículo 1968.2 del Código Civil hace depender el inicio de la prescripción, por consiguiente, del conocimiento que haya podido tener el perjudicado de la existencia de los hechos constitutivos de su pretensión.**

En el caso analizado por la Sentencia del Tribunal Supremo 467/2018, de 15 de octubre, se dio la circunstancia de que no constaban las fechas en las que el responsable penal dispuso de la cuenta bancaria en la que los clientes de ésta ingresaban las inversiones para realizar transferencias a favor de la cuenta bancaria titulada por su hijo, ni el momento en que los múltiples perjudicados de la estafa pudieron tener conocimiento de estas disposiciones entre cuentas, antes del inicio del proceso penal, por lo que ésta debe ser la fecha de inicio de la prescripción de la acción ejercitada contra el partícipe a título lucrativo.

En cuanto al dies ad quem, o fecha en que se interrumpió la prescripción habría que acudir a las reglas de la prescripción civil por enriquecimiento injusto previstas en el Código Civil. Ahora bien, si los actos interruptivos de la prescripción de la acción civil, no tuvieron por destinatario al partícipe a título lucrativo, sino a los responsables penales y a los responsables civiles subsidiarios, la eficacia para interrumpir la prescripción debe limitarse a la de la acción civil, directa o subsidiaria, derivada del delito, cuya naturaleza es distinta de la acción para exigir responsabilidad al partícipe a título lucrativo. A falta de estos actos interruptivos, debe estarse como acto con efectos interruptores de la prescripción extintiva de esta acción civil al escrito de conclusiones provisionales presentado por la acusación en la que se formula esa pretensión jurídico-civil equivalente a una demanda de esa naturaleza, contra el partícipe a título lucrativo. En efecto, a diferencia del imputado, que debe ser tenido como tal en la fase de instrucción con carácter previo a la formulación de la acusación contra el mismo, la ley no establece como requisito para el ejercicio de la acción civil que, previamente a la presentación del escrito de conclusiones provisionales, haya existido una declaración formal de responsabilidad civil subsidiaria, tanto más de participación a título lucrativo, que tenga la naturaleza de procedibilidad civil (Sentencias del Tribunal Supremo 2162/2001, de 14 de enero, 136/2001, de 31 de enero, y 581/2009, de 2 de junio). Por lo tanto, la adopción de medidas asegurativas de tal clase de responsabilidades en la fase de instrucción que se contemplan en el artículo 615 de la Ley de Enjuiciamiento Criminal para el procedimiento ordinario y en el artículo 764 de la Ley de Enjuiciamiento Criminal para el procedimiento abreviado, no es un requisito previo para la posibilidad de traer al proceso a aquellos contra quienes las acusaciones se dirijan en el citado concepto. La expresión de las pretensiones de las acusaciones en orden a la responsabilidad civil directa o subsidiaria, o como partícipe a título lucrativo, deberá realizarse con carácter provisional en el escrito de conclusiones provisionales, conforme a los artículos 650 y 781 de la Ley de Enjuiciamiento Criminal, sin que sea necesario hacerlo con anterioridad a ese momento procesal. Una vez que la acusación solicita la apertura del juicio oral y dirige la acción civil contra aquellos a quienes considera responsables civiles, de una u otra condición, el juez de instrucción debe resolver expresamente sobre tal pretensión al dictar el auto correspondiente, pues así lo exige el respeto al derecho fundamental a la tutela judicial efectiva adoptando en su caso, las medidas oportunas (artículo 783 de la Ley de Enjuiciamiento Criminal) pues es en ese momento cuando se procede a concretar la constitución de la relación procesal. Por tanto, si los responsables civiles subsidiarios y partícipes a título lucrativo ven perjudicados sus intereses al ser factible que se dirija contra ellos la acción civil en los escritos de acusación, sin que previamente se les haya exigido responsabilidades en tal sentido, sin haber sido partes en el proceso ni en la instrucción, ni mencionados en el auto de transformación a procedimiento abreviado, artículo 779.1.4.º de la Ley de Enjuiciamiento Criminal, por razones de equidad y justicia material, habrán que entender que no es la denuncia o la querella presentadas, ni el auto de incoación de las diligencias previas, los que interrumpan la prescripción de la acción civil por enriquecimiento injusto, acumulada en el proceso penal contra el partícipe a título lucrativo, sino la presentación del escrito de acusación, como equivalente funcional a la demanda civil, solicitando la condena en tal concepto (ex Sentencia del Tribunal Supremo 467/2018, de 15 de octubre).

15

CUASIPRESCRIPCIÓN

La Sentencia del Tribunal Supremo 296/2024, de 3 de abril, afirma que la Sala Segunda ha reconocido en determinados supuestos la **atenuante analógica de «cuasiprescripción»** desde dos razones justificantes esenciales:

Que el periodo de prescripción estuviera próximo a culminarse, de manera que el olvido social del delito, que termina por fundamentar la extinción de la responsabilidad, se percibe ya de manera marcada e intensa.

Que la parte perjudicada haya recurrido a una dosificada estrategia para servirse del sistema estatal de depuración de la responsabilidad criminal como instrumento que potencie la incertidumbre del autor del hecho delictivo, bien como instrumento de presión para una negociación extrajudicial o, lo que sería equiparable, como mecanismo con el que potenciar la vindicación del perjuicio sufrido.

En estos supuestos, el sistema penal está en condiciones de reequilibrar, en términos de proporcionalidad, **unas estratagemas dilatorias** que el ordenamiento jurídico no consiente, particularmente para los delitos públicos, respecto de los que expresamente impone su denuncia inmediata en los artículos 259 y siguientes de la Ley de Enjuiciamiento Criminal.

En todo caso, **la jurisprudencia ha destacado también que no cabe premiar penalmente:**

Aquellos supuestos en los que, sin más, transcurre un dilatado periodo de tiempo entre la comisión de los hechos y su enjuiciamiento, o

Aquellos supuestos en los que las autoridades a las que se encomienda la persecución del delito no tienen conocimiento de su comisión y, por tanto, carecen de los elementos del juicio indispensables para la incoación del proceso penal.

La Sentencia del tribunal Supremo 32/2024, de 11 de enero, considera que, sin perjuicio de su reconocimiento nominal en la jurisprudencia de la Sala Segunda, la fórmula de la «cuasiprescripción» sigue presentando extraordinarias dificultades para identificar su fundamento y, a partir de ahí, trazar su relación analógica no solo con alguna de las circunstancias típicas mencionadas en el artículo 21 del Código Penal, sino también, con la propia categoría de la prescripción que le presta parte del significante con la que se denomina. En concretos:

I) **graves óbices de conexión analógica con las atenuaciones típicas contempladas en el artículo 21 del Código Penal.**

No resulta excesivamente cuestionable afirmar que el **paso del tiempo entre la comisión del delito y la sanción no afecta, por sí, ni a la tipicidad ni a la antijuricidad de la conducta ni, tan siquiera, a la culpabilidad exteriorizada por el responsable.** Lo anterior aleja la llamada atenuante por cuasiprescripción de las cláusulas de atenuación del artículo 21 del Código Penal, incluso de la que, a primera impresión, pudiera resultar más próxima como es la de «**dilaciones indebidas**» del artículo 21.6 del Código Penal. El tiempo transcurrido hasta la persecución del hecho punible no produce una suerte de pena natural que justifique compensar la pena que resulte finalmente imponible. Si no hay proceso, el transcurso del tiempo prescriptivamente irrelevante para la persecución ni puede considerarse indebido, de contrario, el derecho de acción se ejercita tempestivamente, antes del momento en que la ley limita, mediante la prescripción, el poder de persecución penal del hecho punible y anuda efectos extintivos a la presunta responsabilidad contraída, ni, tampoco, puede generar «interim» consecuencias aflictivas para el infractor, a salvo que se reconociera una suerte de derecho a ser perseguido de manera inmediata o próxima al momento de comisión del delito. Derecho cuya virtualidad ha sido expresa y reiteradamente negada por la doctrina de este Tribunal (vid Sentencias del Tribunal Supremo 106/2009, de 4 de febrero, 250/2014, de 14 de marzo, 421/2014, de 26 de mayo, y 375/2017, de 24 de mayo). El Tribunal Europeo de Derechos Humanos se ha pronunciado de manera reiterada en el sentido de que «el derecho de todo acusado a que su caso sea juzgado por un tribunal dentro de un plazo razonable se basa en la necesidad de garantizar que el acusado no permanezca indebidamente inseguro en cuanto al resultado de la acusación penal formulada contra él» (*vid.* Sentencia del Tribunal Europeo de Derechos Humanos, Gran Sala, caso Kart c. Turquía, de 3 de diciembre de 2012). Lo que comporta dejar fuera del ámbito de protección del derecho a ser juzgado en un plazo razonable cuestiones como la desaparición de las pruebas o el respeto de los derechos de la defensa relacionadas con el transcurso del tiempo antes de que se dirigiera la acción penal contra una persona determinada (vid al respecto la interesante, y reciente, Sentencia del Tribunal Europeo de Derechos Humanos, caso Léotard c. Francia, de 14 de diciembre de 2023, parágrafo 91).

La Sentencia del Tribunal Supremo 215/2020, de 22 de mayo, precisa que la Sala Segunda ha reiterado de forma constante, así como señala la mejor doctrina penal de que no cabe identificar sin más prescripción de los delitos y penas con el derecho a un procedimiento sin tardanzas injustificadas (artículos 24.2 de la Constitución, 6 del Convenio Europeo de Derechos Humanos, 14.3 c) del Pacto Internacional de Derechos Civiles y Políticos...). La primera reviste naturaleza jurídico-material en tanto la segunda mira al proceso, imponiendo la obligación a los poderes públicos de evitar paralizaciones innecesarias o demoras inadmisibles. La interrupción del plazo prescriptivo no sólo reclama que el procedimiento se incoe y dirija contra el culpable, sino también que no se paralice (artículo 132.2 del Código Penal). Si la quietud del proceso se prolonga temporalmente durante los términos previstos legalmente, decae el derecho estatal a penar y perseguir la infracción criminal. Ante el detenimiento injustificado del procedimiento aparece la eventualidad de la vulneración del derecho fundamental a un procedimiento sin dilaciones indebidas. Sus consecuencias no coinciden necesariamente con las derivadas de la prescripción. Reiterada doctrina del Tribunal Constitucional (por todas, Sentencia del Tribunal Constitucional 150/1993, de 3 de mayo) establece como «no cabe deducir del derecho a un proceso sin dilaciones indebidas, y a que el proceso se tramite y resuelva en un plazo razonable, un derecho a que juegue o se produzca la prescripción penal, ya que son independientes». Aquella vulneración «no puede dar lugar al reconocimiento de un derecho a la prescripción si el procedimiento ha estado paralizado el tiempo legalmente fijado para que se extinga la responsabilidad penal por este motivo» (Sentencias del Tribunal Constitucional 255/1988, de 21 de diciembre, 83/1989, de 10 de mayo, y 224/1991, de 25 de noviembre). Cabe vulneración del derecho a ser juzgado en un plazo razonable sin prescripción (cuando incoado el proceso no han transcurrido los plazos previstos legalmente para que opere) o prescripción sin conculcación de aquel derecho fundamental (cuando el proceso no se ha incoado, transcurridos aquellos términos).

II) graves óbices de conexión con la propia categoría de la prescripción con la que se pretende trazar relación de significado para justificar la reducción de la pena prevista para el delito cometido.

Ya se parta de la preponderante naturaleza material de la prescripción o de su dimensión procesal, como «presupuesto negativo de procedibilidad o de perseguibilidad», la identidad de fundamentación con la llamada cuasiprescripción resulta remota. En efecto, mientras que el transcurso del tiempo en la prescripción ha sido concebido como una causa de extinción de la responsabilidad penal, el único espacio en el que puede operar la cuasiprescripción será el de la determinación o individualización de la pena, lo que permite trazar una evidente relación excluyente entre ambas categorías. La prescripción impide el castigo porque a partir de un determinado tiempo de inactividad persecutoria de determinados hechos punibles la ley considera que la sanción resulta innecesaria para proteger la vigencia de la norma, los bienes jurídicos en su día lesionados o la preservación de los valores en los que se funda la convivencia pacífica. La prescripción, como fórmula de limitación del «ius puniendi» del Estado, refuerza la expectativa general que ofrece el derecho de libertad a no verse privado de ella sino conforme al respeto escrupuloso a los cauces y presupuestos que lo permitan. Pero estas razones de no punición solo surgen cuando el plazo prescriptivo ha transcurrido en su totalidad. Esta es la condición-presupuesto insoslayable del efecto extintivo de la responsabilidad penal que supone la prescripción por lo que no resulta nada fácil identificarlo en la llamada cuasiprescripción, a salvo que pueda considerarse extinguida por equivalencia una parte de la responsabilidad penal presunta porque transcurra un tramo del plazo prescriptivo. Lo que nos situaría en un escenario de incógnitas de muy difícil solución. ¿Cuánta parte del plazo prescriptivo debe transcurrir para activar el efecto extintivo parcial que justifique reducir la pena prevista en el tipo? ¿Cuánta parte de la responsabilidad penal debe declararse extinguida, por equivalencia prescriptiva, para justificar la reducción de la pena? ¿Es posible identificar una suerte de momento temporal idóneo u óptimo entre la fecha de comisión del delito y la fecha de su persecución de tal modo que superado aquel la pena prevista ya no resulta proporcional a la infracción cometida? Son preguntas de muy difícil, sino imposible, respuesta.

III) la previsión de delitos imprescriptibles confirma también las graves dificultades para identificar el fundamento atenuatorio de la llamada cuasiprescripción.

En estos casos de imprescriptibilidad, el legislador considera que por la entidad del injusto debe favorecerse su persecución, renunciando a establecer límites temporales, pues la extinción de la responsabilidad personal presunta por el mero paso del tiempo podría socavar de manera grave los fundamentos de nuestro modelo constitucional basado en la convivencia pacífica. Apuesta por la imprescriptibilidad que comporta, como consecuencia lógica, la confirmación de que la pena prevista para el delito imprescriptible seguirá cumpliendo fines legítimos de prevención general con independencia del momento en que se den las condiciones de imposición. Y, también, de que la imposición, en su caso, de la pena puntual resultante del proceso de individualización no supondrá, desde la perspectiva de la prevención especial, un exceso patente o un derroche inútil o desproporcionado de sanción. De ahí que, en estos casos, parecería un contrasentido que la apuesta axiológica por la imprescriptibilidad genere, al tiempo, una suerte de privilegio punitivo progresivo para el infractor que obligue a rebajar la pena prevista en el tipo por la tardanza en iniciarse la persecución procesal del delito cuando, precisamente por ello, el infractor no ha sufrido ningún perjuicio, ninguna limitación significativa de sus derechos fundamentales. Es obvio que en los supuestos de imprescriptibilidad el transcurso del tiempo ni reduce la gravedad del delito ni lo convierte en un evento del pasado que prive de fundamento material a la sanción. La solución contraria conduciría a otro callejón axiológico y normativo sin salida: si el paso del tiempo reduce la gravedad del delito, si debilita progresivamente la necesidad de retribución, si sitúa la infracción en un pasado socialmente olvidado, también debería concluirse en que privaría de toda justificación material a la propia imprescriptibilidad normativamente establecida.

IV) el paso del tiempo a efectos de evaluación de las circunstancias de producción del hecho y del culpable, exigida por el artículo 66 del Código Penal o de la concesión del indulto.

Lo anterior no excluye, desde luego, que el paso del tiempo, de la mano de la evaluación de las circunstancias de producción del hecho y del culpable a la que obliga el artículo 66 del Código Penal, deba ser tomado en cuenta como factor de individualización de la pena imponible, como elemento de modulación del proceso de ejecución de la pena impuesta en atención al mandato constitucional de resocialización, *ex* artículo 25 de la Constitución, o como elemento de ponderación que junto a otros relacionados con la trayectoria vital del penado puedan justificar la concesión del indulto. Pero, se insiste, no permite identificar con claridad razones que justifiquen reducir la pena prevista para el delito.

La llamada atenuante por cuasiprescripción es un buen ejemplo de la necesidad/obligación de aplicación, en su caso, muy cautelosa. Y ello lo confirma la creciente, y ya casi uniforme, vocación restrictiva con la que la Sala Segunda está abordando las consecuencias que sobre la pena imponible pueden derivarse de supuestos en los que la acción penal se ejercita transcurrida una parte significativa del plazo de prescripción del delito. Sin perjuicio de algunos pronunciamientos que propugnan una interpretación extensiva de la relevancia atenuatoria que debe atribuirse al transcurso del tiempo entre el hecho y la denuncia próximo al plazo prescriptivo, *vid.* entre las más significativas: la Sentencia del Tribunal Supremo 77/2006, de 1 de febrero, «(se) atenúa la culpabilidad por ese casi olvido social del delito, y si la culpabilidad es el presupuesto y la medida de la punibilidad, la disminución de aquella debe tener incidencia en la determinación de ésta, no por dilaciones indebidas, que no existieron, sino porque ha estado muy próximo el tiempo transcurrido desde la comisión de los hechos hasta su investigación prevista por la Ley para la prescripción»; la Sentencia del Tribunal Supremo 288/2016, de 7 de abril, «el fundamento de la prescripción del delito es el olvido social del mismo. En el presente caso, en la medida que el delito tuvo lugar en la intimidad de la familia, su resonancia fue menor, y por tanto el olvido social del mismo más intenso, aunque es cierto que no se completó el periodo legal. En esta situación estimamos que podemos y debemos rebajar la punibilidad del hecho, pues el tiempo transcurrido desde su comisión sin investigación, atenúa la culpabilidad por ese casi olvido social del delito, y si la culpabilidad es el presupuesto y la medida de la punibilidad, la disminución de aquella debe tener incidencia en la determinación de ésta»; y con similar alcance, las Sentencias del Tribunal Supremo 1387/2004, de 27 de diciembre, 1247/2009, de 11 de diciembre, y 116/2011, de 1 de febrero. También encontramos un buen número de resoluciones que cuestionan, sin ambages, el fundamento normativo de la pretendida atenuación, calificándolo de cuestionable: vid Sentencias del Tribunal Supremo 336/2012, de 26 de abril, 122/2013, de 15 de febrero, 290/2014, de 21 de marzo, y 841/2015, de 30 de diciembre, o, la más reciente, Sentencia del Tribunal Supremo 849/2023, de 20 de noviembre, en la que se da cuenta de las serias objeciones dogmáticas y político-constitucionales formuladas por destacados sectores doctrinales en relación con la llamada atenuante de cuasiprescripción. En todo caso, el fiel de la doctrina mayoritaria de este tribunal se inclina por una interpretación particularmente mesurada y restrictiva, que nace con la Sentencia del Tribunal Supremo 883/2009, de 10 de octubre, limitando su aplicación a aquellos supuestos en los «que, primero, el periodo de prescripción estuviera próximo a culminarse, de manera que el olvido social del delito, que termina por fundamentar la extinción de la responsabilidad criminal, se percibe ya de manera marcada e intensa. Y, segundo, la parte perjudicada haya recurrido a una dosificada estrategia para servirse del sistema estatal de depuración de la responsabilidad criminal como instrumento que potencie la incertidumbre del autor del hecho delictivo, bien como instrumento de presión para una negociación extrajudicial o como mecanismo con el que potenciar la vindicación del perjuicio sufrido. Supuestos en los que el sistema penal está en condiciones de reequilibrar, en términos de proporcionalidad, unas estratagemas dilatorias que el ordenamiento jurídico no consiente, particularmente para los delitos públicos, respecto de los que expresamente impone su denuncia inmediata en los artículos 259 y ss. LECrim», vid, entre muchas, Sentencias del Tribunal Supremo 374/2017, de 24 de mayo, 72/2019, de 11 de febrero, y 528/2020, de 21 de octubre.

16

DIFERENCIACIÓN DEL PLAZO DE INSTRUCCIÓN ESTABLECIDO EN EL ARTÍCULO 324 DE LA LEY DE ENJUICIAMIENTO CRIMINAL

El artículo 324 de la Ley de Enjuiciamiento Criminal **delimita el marco temporal de «adquisición» de las diligencias de investigación** (Sentencia del Tribunal Supremo 836/2021, de 2 de noviembre) y parte de la idea de que la instrucción sólo debe servir para recopilar material para decidir en la fase intermedia acerca de la apertura o no del juicio, es decir, para decidir quién y por qué hecho se sentará en el banquillo, de modo que, la fase esencial del proceso debe ser el juicio oral, y ahí es donde deben practicarse las pruebas (Sentencia del Tribunal Supremo 636/2022, de 23 de junio).

El tiempo de producción de las diligencias de instrucción se convierte en «condición normativa de adquisición». En consecuencia, el transcurso del término, o su prórroga extemporánea, priva de competencia al juez de instrucción para ordenar diligencias de investigación novedosas. El incumplimiento de las normas reguladoras de los términos y plazos de la instrucción determina la prohibición de utilización para fines pretendidos con su irregular adquisición y su inutilizabilidad se proyecta, en términos de medio a fin, y en principio, en la toma de algunas de las decisiones de clausura de la fase previa prevista en los artículos 779 y 622 de la Ley de Enjuiciamiento Criminal. En su consecuencia, el juez de instrucción no puede tener en cuenta los datos irregularmente incorporados al proceso para fundar la decisión inculpatoria. De hacerlo, la parte agraviada podrá formular el correspondiente recurso pretendido y la consiguiente exclusión de las diligencias intempestivas y por otro una nueva valoración de los datos procesalmente utilizables para sostener el efecto inculpatorio ordenado. Por la misma razón de inutilidad probatoria, tampoco esa diligencia sumarial fuera de plazo puede formar parte del acervo probatorio. Ahora bien, el caso de que se decida la prosecución del proceso por disponerse de otros datos indiciarios utilizables resulta imprescindible destacar que la infracción del principio de la adquisición por transcurso del término no supone la declaración de ilicitud constitucional por vulneración de derechos fundamentales sustantivos (Auto del Tribunal Supremo de 16 de enero de 2022, Causa Especial 20920/2021).

La **finalidad** de los plazos del artículo 324 de la Ley de Enjuiciamiento Criminal es que ningún ciudadano quede cuestionado en su presunción de inocencia y sometido a proceso de investigación indefinido, inagotable y temporalmente irrazonable para una sociedad democrática (Sentencia del Tribunal Supremo 52/2022, de 21 de enero).

El artículo 324 de la Ley de Enjuiciamiento Criminal contiene una norma de **naturaleza propiamente procesal** (Sentencia del Tribunal Supremo 33/2024, de 12 de enero). Se trata de un «plazo procesal propio» con efecto preclusivo, de obligado cumplimiento, y no voluntarista o subsanable, cuyo incumplimiento, acordándose diligencias de forma extemporánea conlleva indefensión material del investigado, no solo indefensión formal (Sentencia del Tribunal Supremo 455/2021, de 27 de mayo).

No cabe entender el artículo 324 de la Ley de Enjuiciamiento Criminal como una «especie de prescripción abreviadísima», de modo que, si transcurriera el plazo fijado o el prorrogado, y al día siguiente no se dictara algunas de las resoluciones del artículo 779.1 de la Ley de Enjuiciamiento Criminal, se produciría una caducidad equivalente a un sobreseimiento. Eso es justo lo que el legislador exteriorizó que no quería implantar (Sentencia del Tribunal Supremo 738/2022, de 19 de julio).

El artículo 324 de la Ley de Enjuiciamiento Criminal **no crea una nueva causa de extinción de la responsabilidad penal**. Su infracción solo delimita que transcurrido el plazo máximo o sus prórrogas, el instructor dictará auto de conclusión del sumario o, en el procedimiento abreviado, la resolución que proceda conforme al artículo 779 de la Ley de Enjuiciamiento Criminal (Sentencia del Tribunal Supremo 455/2021, de 27 de mayo).

El «dies a quo» del comienzo del plazo del artículo 324 de la Ley de Enjuiciamiento Criminal se corresponde con la incoación de la investigación judicial. Ahora bien:

a) Resulta razonable no establecer como dies a quo a los efectos del cómputo de los plazos establecidos en el artículo 324 de la Ley de Enjuiciamiento Criminal las «incoaciones formales» de diligencias previas, que no corresponden materialmente a ese contenido, sino en las que se utiliza ese vehículo formal, sin función ni finalidad investigadora, a los meros fines de «remisión a reparto», actividad de naturaleza gubernativa, no jurisdiccional (Sentencia del Tribunal Supremo 836/2021, de 3 de noviembre). Debe negarse eficacia para iniciar el cómputo del plazo del artículo 324 de la Ley de Enjuiciamiento Criminal a los autos de incoación «meramente formales», con un contenido material estrictamente gubernativo (Sentencia del Tribunal Supremo 168/2024, de 23 de febrero).

b) En sentido inverso, no puede utilizarse de forma artificiosa una resolución de sobreseimiento para evitar que siga computando el transcurso del plazo establecido en el artículo 324 de la Ley de Enjuiciamiento Criminal (Sentencia del Tribunal Supremo 836/2021, de 3 de noviembre).

En el caso de acumulación de procesos, en que concurran varios autos de incoación de fechas diversas, el que determinará el inicio del «dies a quo» del artículo 324 de la Ley de Enjuiciamiento Criminal será el último, y ello por razones de estricta lógica, pues, por un lado, si tales diligencias no se hubieran acumulado, estarían sometidas a los plazos generales del artículo 324 de la Ley de Enjuiciamiento Criminal en toda su amplitud, y por el otro, de quedar vinculadas a un plazo marcado por unas diligencias más antiguas podría llegarse al absurdo de que una vez acumuladas, no se disponga de plazo alguno para la instrucción, por haber quedado éste ya agotado. Tratándose de acumulaciones esta fijación del «dies a quo» es procedente ya que las causas versarán sobre hechos o sujetos distintos, que en principio podrían haberse instruido en causas separadas. Este criterio se aplica en tanto se trate de procedimientos con vida independiente, separada y paralela el uno del otro. **Lo anterior no ocurre en los supuestos de competencia** (Auto del Tribunal Supremo de 16 de enero de 2022, Causa Especial 20920/2021). De esta forma, cuando la acumulación de procesos traiga causa de inhibiciones por cuestiones de competencia entre juzgados, el «dies a quo» deberá establecerse en la fecha del primer auto de incoación. Así se derivaría del Auto del Tribunal Supremo de 27 de febrero de 2023, Causa Especial 20920/2021, que afirma que «**En el supuesto de acumulaciones de procesos, se estará a la fecha de la última de las investigaciones cuyos objetos se acumulan, y en el supuesto de inhibiciones, se estará a la fecha del primer auto de incoación de las diligencias inhibidas**».